每天10分鐘親子互動作文

陪孩子快樂玩寫作

李儀◎著

玩遊戲·學作文

輕鬆讀·快樂寫

- 教孩子輕鬆學會寫作文
- 讓寫作成為孩子的特殊才藝
- 寫出美好的未來與人生
- 小作家快速養成秘笈

老師、家長一致推薦
最佳作文寫作範本！

哈福

前言

輕鬆讀，快樂寫

能輕鬆的閱讀，就能快樂的寫作。寫作，因為升學的關係，成為不得不學、不得不練習的一件事。如果您的孩子現在是小學階段，你每週最辛苦的時刻，常常是孩子要寫作文的那一天。

我在任職小學的期間，曾經看過很多家長，一看到聯絡簿上寫了「作文一篇」這樣的家庭作業，就忍不住唉聲嘆氣：「又要寫作文了？我又得幫孩子捉刀了。」

作文，可以輕鬆、快樂的寫。就看你怎麼培養你的孩子的觀察力、資訊蒐集能力，以及聯想力、創造力。

完善的寫作準備，必須在孩子還沒有入學之前就開始。如果等到有需要才開始練習寫作，往往緩不濟急，手忙腳亂。所以，你只要掌握幾個輕鬆的原則、技巧，就能培養出快樂的小作家。

在台灣，有許多知名人士專心的培養自己的下一代，使他們年紀輕輕，就能夠發表文章、發表感想，使自己成為一個「會溝通的人」。

您知道嗎？傅娟非常專心栽培三個女兒，如今都各有一片天，尤其歐陽娜娜紅遍兩岸，擁有許多粉絲，在她們小的時候，傅娟常在網路上的公開部落格上，隨時張貼女兒的心情日記，輕鬆、愉快的口吻，以及快樂、活潑的用詞，都讓人聯想到：寫作使她的想法能傳遞給他人，寫作使她能夠被人了解，寫作對她來說就像說話一樣簡單。

您想不想讓你的孩子也能這樣，一遇到寫作課，就興奮莫名，興致高昂，一心期待著把自己的所思所想分享、紀錄在作文本上，甚至從來不怕沒東西寫，只怕沒時間、手沒力氣，好把內心的感受一吐為快。

寫作，就是一種溝通。大多數孩子，都很喜歡別人聽他（她）講話。《窗口邊的荳荳》一書中，女主角荳荳因為從小是一個好問、活潑，精力充沛的女孩。她的性格因為如此特別，所以和傳統學校格格不入。當她轉到火車小學的第一天時，她對校長嘰哩咕嚕的說了好幾個小時的話，從此，這位校長在她心中留下深刻的印象。

許多孩子就像荳荳一樣，天生熱愛分享、熱愛說話。如果您的孩子是這樣的孩子，你不需要擔心他（她）沒有「寫作素材」，他（她）永遠會睜著圓滾滾的大眼睛，專注的向整個世界發出問號，渴望從週遭學習更多的知識。

面對這樣的孩子，你需要做的是：陪他（她）一起把想法落實成一篇篇的文字。那麼如何做呢？在本書的【原則篇】有詳細的描述和具體的步驟。

如果您的孩子，擁有安靜、溫和的性格，你又該如何培養他（她）的寫作能力呢？

要相信：在這樣的孩子心中，並非對外界毫無感覺，他們對外界的刺激仍然是有感受的。只是，他們需要您的「引導」。如何引導他們將內心的感受落實成為文字、圖畫，在本書的【原則篇】當中，也有詳細的具體實行小秘訣。

「學會寫，喜歡寫。」這是陪孩子寫作的第一步。下一步，您必須要做的是：陪孩子練習寫作的各種技巧。這就在本書的【技巧篇】當中，我們設計了一週一小則的練習進度，幫助你循序漸進的培養孩子的各種寫作技巧。使你能陪孩子寫出一篇漂漂亮亮的好文章。

【鍛鍊篇】，則是您在陪孩子練習完前面兩篇之後，我們特別挑選出來，最容易刺激孩子想像力、創造力，而且是歷史上好文章最常描述的幾個主題。這些主題，讓您的孩子能在生活中，點點滴滴的累積自己的實力。

只要你掌握「輕鬆讀，快樂寫」的原則，您就能為孩子們鋪好一條通往「成功表達」的人生之路，讓「寫作」成為您的寶貝的另一項長才，讓「寫作」成為您的孩子所熱愛的休閒活動之一，寫出美好的未來！

作者謹誌

目錄

三、鍛鍊篇——寫作遊戲真好玩……147

一、原則篇

快樂玩寫作

1 鼓勵孩子閱讀——能閱讀使孩子無比的快樂

2 細心觀察力——培養一雙熱情的眼睛

3 蒐集資訊——避免書到用時方恨少

4 邏輯與系統的思考——起、承、轉、合

1 鼓勵孩子閱讀——能閱讀使孩子無比的快樂

兒童驚人的學習能力

不管是幼兒的哪一種感官，包括眼睛、耳朵、嘴巴，都同樣到達腦部。當兒童開始聽懂你的說話時，他們的眼睛也同樣可以看懂事物的不同。耳朵所吸收的訊號，傳遞到大腦之後，大腦能夠正確的解讀，眼睛看到「你」、「我」、「他」這些文字的時後，只要透過學習，大腦也能夠正確的理解它們。

能夠理解文字，就是人類的獨特之處。和人類不同的是，不管黑猩猩多麼優異、聰明，不管黑猩猩的眼睛視力多麼強，牠們仍然不會透過「你」、「我」、「他」這些字，理解事物意義。因為在黑猩猩的腦部當中，就是不存在這樣的功能。

人類腦部的發展，從嬰兒還在媽媽肚子裡的時候就開始了。這樣的發展以驚人的速度更快速的進步著。人類大腦的發展就會發展完成，而且越接近發展完成的階段，發展速度就越慢。

因此，孩子的閱讀能力在很小的時候就已經具備了。但是，我們時常在孩子們求知欲最旺盛的一歲到五歲的這個階段中，用各種名為「保護」的做法，限制住孩子的發展。

其實，在這個階段中，孩子們對一切知識都是敞開著大門迎接的。他們不需要特別努力，就能吸收一切的知識。就在這段期間，我們必須提供機會，讓兒童學習閱讀。

曾經有人在巴西遇到一個九歲的孩子，他雖然智商只有中等程度，卻很自然能說九種語言，不只會說，他還會寫、會讀。為什麼呢？因為他的出生地是開羅，在那裡，人們使用法語、阿拉伯語、英語，所以他就能說這三種語言。而在他四歲以前，他跟著說土耳其語的祖父住在一起；四歲以後，他們全家搬到以色列，和說西班牙語的祖母住在一起。很自然的，這個孩子就學會了另外兩種語言：希伯來語、德語、西班牙語。到了六歲的時候，這個孩子就跟著家人搬到了說葡萄牙語的巴西。

孩子的學習能力就是如此驚人。所以，我們應當善加利用這些能力，開發他們，使他們的好奇心得到滿足。

你會讓幼兒關在窄小、擁擠的娃娃車裡一整天嗎？千萬不要保護過度了！請增加孩子爬行、運動的時間，能刺激孩子發展各方面的基本能力。

讀書給孩子帶來無比快樂

仔細翻閱各國的歷史文獻，我們會發現，教幼兒閱讀並不是新的發明，而是好幾個世紀以前就有人進行的實行。而且，雖然每個世代的人教導幼兒閱讀的動機各不相同，技術、方法也各有差異，但是他們所採用的：「教導幼兒讀書」的技術都有很多共通點。

不僅如此，就算採用的方法迴異，凡是提早教幼兒閱讀的，幾乎都有很高的成效。

美國費城人類能力開發研究所的所長格倫·德曼，就曾經訪問過一個成功的母親，這位母親養育了一個閱讀能力超過常人的孩子：維吉佛萊德。這個母親還出版了《自然教育學》一書。

維吉的母親，是怎樣教育維吉，並使她的閱讀能力過於常人呢？她在女兒六個月大的時候，就把房間的牆壁四周貼上高一．二公尺的白色厚紙，在其中一面牆上，她用紅色的紙貼上二十六個字母，而在另一面牆上，維吉的母親一樣用紅色的字母排成簡單的單字。而這些單字全部都是名詞，諸如 **bat, cat, hat, mat, hog** 等等單字。等到維吉學會了所有的字母，她母親才把所有的單字一一唸給她聽。

利用這種字母的組合、搭配，和母親唸給她聽的聲音訓練，維吉的母親讓她的孩子心中留下許多印象。在沒有正式訓練讀法的情況之下，維吉在一歲四個月的時候，已經學會了如何閱讀。而維吉的母親也把這個方法分享給另外四位朋友，他們試用之後，也都獲得良好的成果。利用這種方式學習的兒童們，全部都在三歲的時候，能閱讀簡單的英語課本。

幼兒讀書，並不是不可能的事情。在你培育孩子的過程中，你就可以帶他們進行閱讀。認識簡單的字彙。

是誰教孩子閱讀？

有一次，許多教育家、醫生，還有對兒童腦神經的發展很關心的人士們，他們聚集在一起舉辦一場集會。在會議中，一個督學講了一段話，透露出幼兒閱讀的情形。

他說，在他從事教育三十幾年當中，就在這場集會的兩星期之前，他正好看到一家幼稚園的女教師提交的一份報告。報告中說，女老師在有一次對班級裡的學生們講一本新的故事書時，有一個五歲的幼兒，堅持說要自己看這本書。女老師告訴他：「這是一本大家都還沒看過的新書。」但是五歲的小朋友堅持說，

他能夠讀懂這本書，他想要自己看。女老師為了讓他死心，就決定讓他試試看，於是把書交給他。沒想到，這個五歲的小孩子，竟然對著全班同學，很流暢的把這本書從頭到尾讀完了。

這位督學強調說，他從事教育的三十多年當中，常常聽到會讀書的五歲幼兒的傳言。但是，從沒聽過有幼兒能像這故事中的小孩一樣程度，能完整讀完一本書。但是，最近這種例子似乎越來越多。

這位督學問在場的所有與會人士：「你們知道，到底是誰在教這些幼兒讀書的嗎？」

他的嚴厲口吻，使在場專業人士不得不發言。其中一位兒童才能開發專家，回答說：「我想我知道，答案是——沒有人教他。」

這位專家說的一點都沒錯。就像沒有人記得是誰教自己說話一樣，也沒有人會那麼細心的去教一個幼兒說話，更別說教他們提前讀書了。廣義的來說，我們可以發現整個社會、環境，還有所有的人，卻都正在教導幼兒說話及閱讀。

因為，有越來越多的幼兒，能夠透過閱讀電視、電影的字幕，透過把玩家裡的廣告、郵件、DM、玩具標章、道路招牌，學習說話、閱讀。對幼兒來說，這些環境都是幼兒的老師。

張炘陽，一個十歲就成為大學生的天才兒童，他的父親 張會祥，就曾經在《神奇的學習》一書中分享到他教育張炘陽的經過：「他不到三個月的時候，我們買了軍棋、象棋等玩具。我用這些玩具和他玩兒，誰知道，我說『當頭炮』，他就拿起『炮』，我就覺得奇怪，這孩子識字，還是記住了什麼方法了呢？後來，我就慢慢教他幾個字，結果孩子學得非常快。每教了一個字，我就拿一本筆記本寫上去，之後還進行分類。教他字的時候，我也不是按照課本那樣，正正經經的教，有時候，我拿起一個煙盒，就把煙盒上面的字教給他知道。到了炘陽三個月的時候，他就已經學會兩千字了。」

張炘陽成功的例子和張爸爸的分享，讓我們知道：生活中的素材是何等的重要。對於兒童的學習，一定要懂得變通，在生活中隨機的拾取教材，讓孩子在輕鬆、自然的環境中學習與成長。

親子間有趣的閱讀遊戲

學習知識，是人生最刺激有趣的遊戲。學習是有報酬的，並非懲罰；學習是很快樂的特權，而不是強迫。所以，父母和兒女，都必須在輕鬆、愉快的情境之下，進行學習的各種遊戲。

只有記住了這一點，父母親才不會因為揠苗助長，而破壞了兒童天生的學習態度。

想要達成這個目標，必須記住以下幾個條件：要在兒童乖巧、順從的時候，才進行閱讀遊戲。當兒童不夠乖巧、做壞事時，即使父母本身很想做遊戲，也不能跟孩子說：「你好乖！我們來玩吧！」因為，幼兒的純真想法，會使他覺得做壞事以後父母要求進行的遊戲，是一種懲罰而不是獎賞。如果幼兒連續好幾天都表現不佳，父母親也不能在這段期間中進行任何閱讀的遊戲。

另外，遊戲的時間要盡量的縮短。

剛開始，遊戲最好只有幾分鐘，但是可以一天進行好幾次。每一次進行遊戲的時候，父母應該要能夠比幼兒還早一步發現，幼兒有點厭煩，幼兒現在正需要停止了！父母必須在幼兒想停止遊戲的前一、兩分鐘，先看透孩子們的心情，然後盡快喊停，給幼兒意猶未盡的感覺。

如果父母隨時注意，慢慢的，幼兒會喜歡上學習遊戲，甚至會主動要求進行。這個時候，父母就能夠順應兒童的意願，發展他們的閱讀能力。

上面的這些細節，可以歸結為兩點秘訣：

第一：學習比其他的任何事情都來得快樂。

第二：在幼兒想要停止遊戲之前先喊停。

下面介紹一些簡單、容易操作的閱讀遊戲。閱讀遊戲必須與理解能力緊密的結合。而且遊戲開始前教具的準備也是很重要的。時間足夠可以設計精美一點的教具，如果時間不夠，建議還是可以從身邊找到可以隨時利用的素材。下面所介紹的幾種遊戲做法，時間充裕時，教具可以多加設計，時間不足、工作繁忙的家長們，則可以採用的簡便步驟。不管忙不忙，孩子們的學習是不能等的，希望您們能實際操作看看唷！

1 名詞配對遊戲

寫作的最重要基礎，就是要累積足夠的辭彙量。不僅如此，孩子還必須把所吸收的詞彙分門別類，知道在什麼樣的時機之下，什麼樣的主題之下，要使用這些單詞。所以，這第一個遊戲，可以融入孩子們最常見的家庭環境，使孩子從生活中點點滴滴的累積寫作能力。

遊戲方法：準備一面空白的廢紙片，寫上家中可以看到的各種家庭用品：如電視、冰箱、床、棉被、衣櫃、鏡子……等等。孩子會認字之後，就可以請他們把這些小白紙片放在正確的家具上。家長可以拿出紙片，等孩子唸出這個詞之後，把這張紙片拿到對應的家具上。為了提高遊戲的刺激感，家長們可以計時一分鐘或三十秒，讓孩子邊玩邊學習。

名詞卡，如果不是精美製作的，則可以用過即丟，因為前一個遊戲結束之後，就可以讓孩子練習寫自己的名詞卡。但因為現代的孩子們討厭寫字，如果能精美製作，也能重複使用，對孩子也不會造成負擔。

2 名詞分類遊戲

等孩子名詞配對都沒問題了，他們就可以開始練習名詞分類。名詞分類，如果分類得當，孩子就能在主題公佈時，快速聯想到相關的名詞。

這個遊戲的做法很簡單，沒有道具也能輕鬆進行，遊戲目的是訓練孩子的想像力。

遊戲方法：家長和孩子，面對面的進行拍手猜拳遊戲。猜拳贏了，就可唸出一個名詞，要求另外一方說出的同類別的名詞。例如：家長說「車子」的時候，孩子就必須說「輪子」；孩子說「椅子」的時候，家長說「桌子」。

當孩子兩、三歲的時候，就可以開始這個練習。只要趁孩子開始說話了、大腦發育完全，學習能力特別強的時候，就可以開始多多刺激孩子的學習，這樣一來，他們的發展會是無限的。

這個遊戲的進階玩法，是要求遊戲參與者唸出完整的句子。例如：家長說「衣服」，孩子要接「衣服在衣櫃裡。」如果家長說「衣櫃」，孩子要接「衣櫃裡面有衣服。」

這簡單的兩個句子，卻包含了兩種不同的句型。寫作，其實就是在生活中！首先要讓孩子會「說」這樣的句子，然後只要把語言落實到文字裡就可以了。

結合好文章的閱讀訓練

前面所列出來的各種閱讀遊戲，如果僅僅是遊戲，孩子們就不容易和文字結合，進一步培養出優異的語文能力。那麼，究竟好的閱讀訓練還需要作哪些事呢？

第一，要挑選合適的閱讀材料。

適合的閱讀材料，必須是生活化、容易懂的。像「哈利波特」這樣的巨著，雖然可以激起孩子的閱讀興趣，但是，光是翻完，而沒有講解說明，孩子也未必能夠從這類書籍當中學到寫作的技法，增進寫作的能力。所以，挑選合適的閱讀材料，進一步加以設計成完整的教材，對孩子的寫作幫助更大。

那麼，有哪些優良讀物是適合孩子們閱讀的呢？當然是世界名著了。如：科學怪人、隱形人、時光機、愛倫坡恐怖小說選、魯賓遜漂流記、地心探險記、海角一樂園、圓桌武士、劫後英雄傳、孤雛淚、羅賓漢、塊肉餘生記等等著名的經典著作。

世界名著，可以提供孩子豐富的視野，是最佳的讀物之一。

除了選擇世界名著，也可以買一些名著的文學批評書籍，給孩子參考、學習。

例如金庸，他的作品是華文創作界最有影響力的作品。但是，若是單純只閱讀他的作品，只能培養出俠義的精神，並沒有辦法對寫作有明顯的幫助。如果能購買許多評論金庸書籍的文學批評書籍，孩子們邊閱讀，就可以邊回憶原著的內容，邊看看這些文學批評專家是如何討論原著的。

對孩子而言，最適合他們的閱讀材料，應該是同年齡孩子所寫的精選作品。如果能夠隨時蒐集國語日報上面的投稿文章，對孩子更有激勵的作用。因為這些投稿文章都經過編輯一定的修飾，也是眾多稿件當中的上上之選。加上這些文章都註明了作者的年級、姓名。對想要嘗試寫作的孩子們來說，同年紀的人的作品，無形的會啟發他們的思考，鼓舞他們的信心。讀完同齡兒童的作品，您的孩子很可能會這麼想著：「他們可以，我一定也可以。」

除了上述幾種類型的閱讀材料，對孩子而言，「成語」也是很不容易理解的作文元素之一。所以，如果能熟悉夠多的成語典故，對寫作也具備了一定的幫助。在生活中，有很多成語大家都耳熟能詳，但是卻很少人知道他們的典故。多熟悉一些成語的典故，能夠幫助孩子正確的運用成語。

學習成語，不能僅僅從教育部公佈的國語辭典當中來查詢，最好能夠購買專書來學習成語的典故，以免發生誤用成語的例子。

市面上的相關書籍有《起步走笨作文：基礎訓練篇、起步走笨作文：進階技巧篇》天下文化 出版、《國語日報年度嚴選小學生作文100》國語日報出版、《寫作吧！破解創作天才的心智圖、寫作吧！你值得被看見》時報出版、《從讀到寫，林怡辰的閱讀教育：用閱讀、寫作，讓無動力孩子愛上學習》親子天下出版等書籍。

第二，要陪著孩子討論讀後的心得。

當孩子讀完一篇文章之後，家長最好能問孩子如下的幾個問題：

Where?：這本書或這篇文章，主要的場景是在什麼地方？在你生活週遭，有沒有類似的場景呢？

What?：在這個場景裡面，文章裡面有描述到哪些物品、擺設？你有沒有看過這些物品、擺設？你覺得還可以加入哪些物品、擺設，可以讓這篇文章更精彩？

How?：這篇文章是怎樣描述這些物品呢？如果現在你身邊有一個書裡面提到的物品，你想怎麼描述它？

Who?：這篇文章當中的主角是誰？在你生活當中，有沒有哪個同學、朋友的個性，和主角的性格接近？

Why?：主角為什麼做這件事？事情為什麼會這樣發展？如果你是主角，你會怎麼做，為什麼？

在沒有經過訓練的兒童心中，生活中的眾多事物，都是轉瞬即逝，不容易在他們的心中留下深刻的印象。所以，如果希望孩子在閱讀時能集中注意力，最好在孩子讀這本書之前，先預告說：等一下從這本書裡面我們會問幾個問題。讀完這本書之後，再詢問這些問題，以免造成壓力。

陪著孩子討論讀後的心得，是最花時間，也是最關鍵的時候，家長、老師千萬別輕忽大意了。

第三，用朗讀吸收好文章精髓

孩子們是喜歡讀書的。特別是大聲的把書籍、文章內容「讀」出來。如果只是「看」文章，並不容易體會到文章的節奏美、音韻美，自己開始動筆寫文章的時候，也就可能會寫得太冗長、太累贅。所以，訓練孩子「朗讀」，是很重要的閱讀訓練。

那麼，要在怎樣的環境朗讀比較好呢？最好的朗讀環境，是戶外的環境。因為在戶外，孩子可以訓練「大聲」、「有自信」、「有力量」的說出自己讀到的東西。如果只是待在室內，孩子的說話聲音無法訓練得又大聲、又明朗。

現代都市當中有許多的公園，而在公園裡面，又有許多的台階、表演舞台等等。帶著孩子到這些環境中朗讀，一方面可以吸收清新的空氣，一方面也能夠培養他們「勇敢表達」的自信。

下面有一則小故事，可以充分的說明「朗讀」的重要性。

古代詩人郭祥正，有一次在路過杭州，把自己寫的一卷詩送給蘇東坡鑒賞。沒等東坡看詩，他自己先有聲有色地吟詠起來，讀得感情四溢，聲聞左右。吟完詩，他徵詢東坡的意見：「祥正這些詩能評幾分？」東坡不假思索地說：「十分。」郭祥正大喜，又緊接著問，好在哪些地方，使這首詩能得十分呢？東坡笑著答道：「你剛才吟詩，七分來自讀，三分來自詩，不是十分又是幾分？」

所以，一篇文章經過好的朗讀之後，會變得更加吸引人、感動人。朗讀時，要注意以下的幾點，才能充分詮釋一篇文章的精華，並且感動聽者。

第一，情感。

配合書本當中每個角色的心情，來詮釋書籍裡面角色的情感。例如，如果讀到《龜兔賽跑》裡面的小白兔的驕傲口吻的時候，最好能學習小白兔的口氣，以及聲音、表情，對小烏龜的輕蔑動作等。

第二，韻律。

任何一篇文章，毫無停頓的唸下去，跟有韻律感、有節奏感的唸下去，給聽眾的感受大不相同。如果是整篇文章唸起來毫無停頓，就會好像「唸經」一樣，讓聽眾聽了之後昏昏欲睡。如果整篇文章能夠有韻律、有節奏的唸下去，聽眾就會感受到「舞蹈節奏」，忍不住想隨之起舞。

第三，抑揚頓挫。

抑揚頓挫，就是指聲音的高、低。高的聲音，給人激昂、奮發、緊張、激烈的感受。低沉的聲音，則會給人溫暖、柔細、聳動、恐怖的感受。所以，很多懂得運用聲音的人，能夠把一句話講成七、八種講法。給人七、八種印象。

以上幾種朗讀的技法，在訓練孩子閱讀的課程當中，應該在一開始做一次，等到孩子都進行過前面幾種閱讀訓練之後，對文章充分了解之後，再唸一次。最好將孩子的朗讀聲音錄音下來，給孩子聽，比較自己兩種朗讀有什麼差別。

朗讀的目的，一方面是測試孩子對文章的了解程度，一方面，也是培養孩子「欣賞好文章」的正確態度。畢竟，一個不懂得如何欣賞好文章的人，又怎麼能夠寫出好文章呢？欣賞、創作，對培養正確的寫作態度來說，二者是缺一不可的。

2 細心觀察力——培養一雙熱情的眼睛

文字與畫筆相同，都是在紀錄眼睛所見的事物。不同的是，文字比畫筆能紀錄的事物更多。文字可以形容你的五官感受：所聽見的聲音、所聞到的香味、所碰觸到的事物、所嚐過的味道。文字，是遠比畫筆更有用的表達工具。然而，文字與畫筆的共同目標是：將所見、所聞如實的紀錄下來。

只要是有學過繪畫的人，都知道繪畫第一步要訓練的就是「觀察力」。只要有良好的觀察力，就能夠紀錄你所看到、感受到的，同時分享給他人，使人有如在親自現場，只要能做到這一點，就是擁有「引人入勝」的能力。

想要把人引入你所體驗過的情境，觀察力是最重要的。觀察力強的人，可以在看過一眼之後，就很快的掌握到該場地的許多細節。

有一個關於托爾斯泰的故事，描述到托爾斯泰驚人的觀察力。

有一天，托爾斯泰正在伏案寫作。突然之間，他身邊飛來了一隻蒼蠅。蒼蠅不停的在他的手邊、耳邊繞啊繞的。托爾斯泰揮也揮不走，只好停下寫作的筆，

拿起蒼蠅拍，不停的企圖打死這隻蒼蠅。誰知道，他揮了很久也打不到。突然間，他看見一隻蒼蠅就停在他的稿紙上。

托爾斯泰看準了這隻蒼蠅，把蒼蠅拍高高的舉起來，準備一揮而下，打死蒼蠅的時候，突然停住了。

他的朋友就問他：「為什麼不打了呢？」

托爾斯泰的回答是：「這不是剛剛打擾我寫作的那隻蒼蠅！」

托爾斯泰的觀察力真的很不可思議吧？但是，一個優秀的作家，就是應該像這樣具備對事物的敏銳觀察力。畢竟，豐富的靈感是不會憑空而降的。只有多加觀察、用心體會生活週遭的所有細節，才能寫出好文章。

那麼，要怎麼樣培養你的孩子，使他們擁有一雙熱情的眼睛，能夠快速的掌握形容事物的特質呢？下面有幾條原則，是你可以每天陪著孩子練習的。

一、鼓勵孩子發問

想有豐富的觀察力，就必須對週遭的一切都充滿「好奇心」。先有「好奇心」，下一步就是「觀察」。

你可以給孩子訂下一個功課：每一天，要想出一個稀奇古怪的問題。

我們不必馬上就找到問題的解答，但是，只要每天都刺激自己去問問題，就會好像每一天為自己裝上一雙「好奇」的翅膀，載著你飛出「常識」的家門，飛到「想像」的天空裡去。

下面列舉一些生活中可以刺激孩子們多問、多思考的問題，讓你們能一邊互動，一邊培養觀察力。記得唷！思考這些問題的答案時，盡量朝「非常理」「不科學」的角度去思考，這樣也可以同時鍛鍊想像力。

月亮和太陽為什麼很少同時出現在天空中？

雲為什麼能這樣常常變換形狀？

青草的味道聞起來像什麼？

馬路上的行道樹在想些什麼？

從山洞出來的車子像什麼？

太空人在無重力的狀態中，最適合做哪一種家事？

如果鉛筆畫出來的東西都變成真的，世界會變成什麼樣子？

有一個小男孩，打開密封了幾十年的地下室，你想他會看到什麼？

游泳池怎樣才可以隨身攜帶？

二、好用、好玩的觀察力遊戲

1 寫出看到的照片

任何一張照片，都能夠照下很多的細節，多嘗試，把這些照片內的細節描寫下來，這就是訓練觀察力的最基本的方法。

有名的畫作、風景照，都可以拿來運用在這個做法上。例如說，看到一張富士山的照片，你可以問孩子下面幾個問題，然後陪他們寫出來下面的文章：

你看到富士山有幾個顏色呢？有沒有白色？有沒有綠色？你覺得這座富士山像什麼？

然後，根據孩子自己的觀察，請他們把這張照片中的內容寫下來：富士山的山頂，有一點白色。這樣的富士山好像一個灑上白糖霜的甜筒。

如果，孩子還不太熟悉「山頂」這些山的相關名詞，就必須回頭去練習前面學過的「名詞分類」的活動了。

2 想像力遊戲

作文，最需要的就是想像力。因為成功的文章，就是要將不在眼前的很多事物，具體的描述給別人「看到」。所以，想像力遊戲是相當重要的。想像力的培養，是日積月累的。只要將培養想像力設計成遊戲，再內向的孩子，也能夠利用想像力，勾勒出美妙的世界。

英國知名作家 **J. K.** 蘿琳，她難道真的去過魔法學校嗎？並沒有的。難道她真的看過幽靈公車嗎？也不是的。這一切都是因為她的想像力。她豐富的想像力，讓她能夠設計一個孩童熟悉的環境「學校」，甚至捉住兒童喜歡冒險、自由、能力的心理，設計一個「魔法的世界」。所以，想像力對寫作來說，實在是再重要不過了。

兒童熱愛想像。很多的孩子，會對著看起來黑壓壓的小昆蟲充滿興趣，就是因為他們能投入小昆蟲的世界中，一起進入想像的天地裡。也有更多的孩子，盯著地上一攤普通的水漬，竟然能看出動物、房子、水果……等等各式各樣的事物。兒童的想像能力，是天生的。

但是，現代發達的科技，有時候反而阻礙了兒童的想像空間。想要看到昆蟲？有動畫影片，想要看到房子？有精采的、漂亮的圖片。兒童看得太多，但是發表的太少。

想像力訓練，必須讓孩子一邊發表、一邊想像。

有些簡單的想像力遊戲，只要能夠持之以恆的練習，就能使兒童的感官充分的獲得啟發。在這裡我仍然要提出一個關鍵的建議：這些遊戲，如果能越早開始進行，效果會更加顯著。

遊戲方法：家長請孩子找來身邊看得到的杯子的圖片、照片或實物。然後，請孩子閉上眼睛，觸摸這些杯子。請孩子想像一下，杯子會是什麼顏色？它的把手是什麼樣子？它高、還是矮？光線照下來，會不會透光？它裝了水之後，聽起來聲音會是怎樣？

家長如何問出有啟發性的問題，在這個遊戲中很重要。準備問題，可以從「五感」的角度出發。五感包括了：觸覺、聽覺、視覺、嗅覺、味覺。

3 蒐集資訊——避免書到用時方恨少

生存在叢林時代的人類們，要能夠從大自然中讀取動物的足跡，也必須能夠紀錄最常獵捕到獵物的地點，更必須從天色轉紅的時候，預測到未來幾天的大風雨。

請仔細看看「聖」這個字，您會發現，「壬」是一個高台，而能夠位於高台，接受他人崇拜、尊敬的，是「耳」朵清明，能夠蒐集豐富資訊的人，以及「口」齒清晰，能夠明白表達資訊給眾人的人。

蒐集資訊的重要性可見一般。這是從古代到現代，亙久不變的真理之一。下面我們來談談，如何培養孩子蒐集資訊的能力，資訊蒐集到手之後，又應該注意哪些事項，應該如何應用它們。

伸出觸角——

生活中有許多的資訊，可以當作我們寫作的素材。培養孩子蒐集資訊的習慣，也是陪孩子寫作文的重要原則之一。這一點，就特別需要老師、家長，協助兒童來進行。因為孩子的性格往往天真浪漫，他們並不懂得系統化的蒐集資訊。所以，家長、老師應該陪著他們建立蒐集資訊的習慣，這樣到了需要寫作材料的時候，孩子就不會覺得「不知道寫什麼」了。

現代的孩子們都非常的擅長使用手機、line、電子郵件。這裡有一個小秘訣，可以提供給他們。只要到Google或者Yahoo，或者是聯合知識庫（網址：udndata.com）等等搜尋引擎上，輸入關鍵字，然後尋找「接收新聞快報」這類的字眼，就能夠有最新的資訊，天天寄到你填寫的信箱當中。

只要平常多加蒐集，就能在寫作時隨手拾取資訊，鋪陳成一篇豐富的文章。

這裡，我們提供一篇以「時事」為主題的資訊，另外，寫一篇引用、改寫這篇新聞的小短文，家長、老師們可以試看看，將它應用來陪孩子寫作文。

引用新聞：「相看兩不厭，擁抱六千年」路透社二〇〇七年二月七日外電記者彭淮棟編譯

原文：

這應該算是永恆的擁抱了。

義大利考古學家在義大利北部城市曼托瓦附近，挖獲一對相擁的男女。兩人至少從五千～六千年前擁抱至今。考古小組主持人艾蓮娜說：「這是前所未見，前所未聞的發現。」

艾蓮娜表示，新石器時代還沒見過雙人合葬的例子，更別說相擁而葬。艾蓮娜指出，這對男女幾乎可以確定死時年紀尚輕，因為兩人的牙齒幾近完好。

艾蓮娜說，整個考古隊十分興奮，「我做考古已經二十五年，挖過龐貝，也挖過其他有名的考古地點，卻從來不曾這麼感動，這項發現太特別了」。

這對男女死時年紀，以及他們確實埋多久，實驗室將進一步研究。

針對此資料而延伸的小短文：愛，能永恆嗎？

在情人之間，常常有這樣的疑問：「你會愛我到永遠嗎？」

愛有沒有永恆的可能，這樣的一則新聞或許能給我們一點啟發。

義大利考古學家，在義大利城市曼托瓦附近，發現了一對擁抱的男女，他們的牙齒都很完好，可見死的時候年紀還很輕。在考古學上，這是相當罕見的情形。

愛的能力，就算在死亡之後，都還能夠發揮力量。而且，因為愛，所以就算死亡了，這一對男女仍然能感動許多人，使人體會到「愛」的永恆力量。

類似的新聞，諸如南京有一對夫婦，居然有三十幾個共同點；四川省也有一對夫妻，居然同月同日生，同月同日死。這些例子，都可以用來論述「愛，能永恆嗎？」這樣的題目。資訊蒐集，對寫作來說，真的是必要之舉。

資料整理

蒐集了資訊之後，必須要做的就是「整理分類」。如果只是把一堆資訊存起來，等到需要參考的時候，就不容易找到需要的資訊。所以，對每一則資訊都必須要明白的判定它的類別，適合用在哪個題目當中。

通常，孩子們最常用的資訊是學習、科技、自然、生物、旅遊、展覽等類別的資訊。對於社會政治大事，通常是高中生以上的學生才需要引用到。所以，這類的資訊最好平常就做好分類。

如果資訊是從報紙上摘錄下來的，最好能利用「卡片式」的整理法，把有用的每一則資訊，貼在卡片上。同一類的卡片，放在同一個盒子之內。市面上有販售一種有雙孔的硬卡片，可以按照新聞日期來排列這些卡片；如果是從網路上下載的，可以做成一個資料夾，存在電腦裡，方便日後查尋。

有些資訊是有時效性的，例如展覽活動，如果沒有時間去參加展覽，至少可以花時間蒐集展覽相關的資訊。未來如果需要討論到這個主題的文章，就可以輕鬆的引用、摘錄。

甚至很多科技發展的資訊，也能互相引用。比如說，提到最新微軟作業系統上市引起的風潮，順便回顧一下過去十年來，微軟每次提出新的作業系統，對市場的影響等等，就能夠給讀者一個完善的新聞回顧，提供更完整的資訊分析。

如果資訊是從網站上轉存下來的，建議要儲存成「純文字」檔案，也就是.txt檔案，這麼做可以避免佔用太多系統的記憶體，也可以直接把網站上不必要的廣告圖片去除掉，只保存最重要的資訊。

當然，網站上轉存下來的資訊也必須放入不同的資料夾，資料夾名稱指定好，如「愛情」、「科技」、「藝術」、「生活」等

改寫資料

當家長、老師陪同孩子蒐集了許多資料，而且詳細分類好之後，孩子一拿到學校的作文題目，就可以從分類冊子當中，快速的找到想要引用、改寫的資料。那麼，師長又是要如何培養孩子「改寫」的能力呢？

最重要的關鍵就是：孩子詞彙量的多寡。如果詞彙量夠多，那麼他們就知道如何把同樣的意思，套用不同的句型來寫一遍。目前，在許多小學的國語教室當中，最常進行的語文練習就是「照樣造句」。但是，除了照樣造句，另外有一個很重要的練習就是：改寫文句。

為什麼需要練習改寫文句呢？因為就算蒐集資料的功力很強，所蒐集來的資料畢竟是別人的智慧財產權。網路上，有許許多多的小學生，喜歡在Yahoo、google知識之類的搜尋資料庫當中，詢問某某題目該怎麼寫，甚至有些學生會直接從網路上抓取一整篇文章，就當作家庭作業交給學校老師。

然而，這樣的習慣只要一養成，就是在使自己的想法退化，自己的寫作能力也會越來越低落。更嚴重的是，未來如果進行學術研究、發表文章，在「參考」和「抄襲」兩者之間的界限拿捏不好時，就容易變成抄襲，甚至引起版權訴訟，這一切都是源於從小養成的錯誤習慣。

改寫文句，就是把別人發表過的內容，用自己的意思、自己的講法，再闡述一遍。有些改寫是把句子拉長。只要增加一些形容詞、修飾語，就能讓句子的長度增加。

有些改寫則是縮短文句。將句子縮短，用更簡潔的詞句表達出來，使讀者同樣了解這個事件。大部分的孩子，因為想的速度比「寫」的速度快，所以，他們在寫作時常常少加標點符號，一整串長長的句子中，沒有斷句的地方，讀起來非常不順暢。所以，陪著他們把句子唸一遍，看看哪裡可以加上標點符號，縮短朗讀句子的節奏，對孩子是很有幫助的。

引用資料

引用資料，可以分為「明引」和「暗引」兩種引用法。明引，就是把誰說了這句話，這句話是怎麼說的，講得相當清楚；而暗引，則是直接引用這句話，沒有說清楚是出自誰的口。

下面有明引、暗引的兩種範例：

鴻海集團創辦人郭台銘提到：「錯誤並不可怕，可怕的是一再犯同樣的錯誤。」所以，我們如果犯了錯，只要知錯能改，就足夠了。——這是屬於明引。

「錯誤並不可怕，可怕的是一再犯同樣的錯誤。」所以，我們如果犯了錯，只要知錯能改，就足夠了。——這是屬於暗引。

引用法，可以說是很適合用在文章開頭的一種寫作技法。如果懂得引用，善於應用它，就一定能在文章一開頭，就把文章題旨講清楚，開宗明義，使整篇文章四平八穩，有基本的素質與程度。

4 邏輯與系統的思考——起、承、轉、合

人類天生喜愛有秩序性的事物。即使是混亂，也必須亂中有序。這是不容易輕易改變的天性。甚至，人們的眼光都容易被「和諧」的顏色吸引。

但是，「邏輯」與思考能力，是必須經過訓練才能擁有的能力。

要怎麼訓練出有思考能力的小孩，並且陪他們寫出有思考能力的好文章呢？

首先，我們要理解「思考」的本質。人類並非天生就懂得如何「思考」的。大多數的人，在遭遇事情的時候都只能捕捉到對這件事情的「感受」或者「反應」。在這個時候，他們腦海中所有的念頭是「跳躍式」的、毫無章法可言。

人的腦海當中，可以分成「情感」、「思想」、「意志」這三個部分。意志主宰你要做、或者不做某件事情，而情感則用來發抒心情。但是，這兩者其實都會受到「思想」的支配。

比如說，小芬今天在路上看到同學阿華，她開心的跟阿華打招呼，卻發現阿華理都不理她，而且是沒有反應的走開。如果小芬心中浮現這樣的思想：「他因為討厭我才不理我。真是的……」那麼，下一步小芬心中的「情感」就會發生作用，產生憤怒、生氣的反應。

假如，小芬心中浮現的思想是：「他臉色不太好，可能沒有看到吧？還是生病了呢？」這時候小芬心中的情感就會產生同情、關切的反應。

可見，思想在人類心中佔有多麼重要的地位。培養一個懂得思考的孩子，絕對不僅是為了寫出一篇好作文，也是為了孩子未來的人生。只有懂得思考，懂得分析的孩子，才能在紛擾的世界中找到自己明確的方向。

訓練邏輯能力

邏輯，就是合理的。一件事情的發生，必須合於許多宇宙間的道理。蘋果會從天上往下掉，合於地心引力這樣的定理；車子發生車禍之後會撞凹，合於後作用力這樣的力學定理；油不融於水，合於油的分子定理。凡是合乎邏輯的事情，必定會合於定理。

1 看圖練習邏輯

下面有一個圖畫，可以用來練習「邏輯」的思考。請帶著孩子看著這張圖，思考一下，可能是發生了什麼事，使這個杯子中出現一條絲帶？

假想狀況一：這條絲帶是一個漂亮禮服上面的一條帶子，禮服脫下來時，絲帶掉在了杯子裡。

假想狀況二：一隻貓抓著這條絲帶，跳過杯子之後，把絲帶放上去了。

假想狀況三：（請寫下你的假想狀況）

2 生活中的各種狀況

除了上面舉例的看照片、練邏輯的方法，生活當中有數不清的事件，可以讓我們練習邏輯思考。下面介紹幾種練習邏輯思考的方法。

第一種練習邏輯的方式，是把某樣東西從生活中拿走，然後陪孩子一起思考：假如沒有了「它」，生活會是怎樣的。只要問了你的孩子這樣的問題，他們就會開始動腦筋去想，也增強了它們的觀察力。請看下面的小例子：

假如生活中沒有了「電」，你會怎麼度過一天的生活？鬧鐘還可以用嗎？不行。因為有用到電。還能夠烤麵包嗎？也不行！因為烤麵包機也有通電。那麼，飲水機能用嗎？也不行。因為飲水機要有電才能把水煮開。

第二種練習方式，是從兒童的最基本的慾望，開始練習邏輯思考。在馬路上，常常會看到站在玩具店門口哭鬧著不肯離開，硬要母親買給他玩具的小孩子。這些小孩子們對「慾望」太容易屈服，造成家長很多的困擾。

如果能夠規定孩子一天的零用錢數量，請他們在「想」買某種東西之前，先想一想自己用掉了多少的預算，如果錢用光了，是不能預支的。只要孩子們懂得計算自己的消費，就能練習用「理性」控制慾望。

可見，生活中有很多的事物，是與邏輯思考不可割分的。就算是簡單的一個旅遊，也必須有詳細的規劃，規劃的過程，也必須用到許多的思考能力。甚至，如果只是簡單的拿起包包就走，沒有預定的目的地，只是走到哪玩到哪，錢花光才回來，這樣的旅行看起來不需要規劃和思考，但是，起碼必須會想到錢用完了沒，也至少要知道怎麼回家。

人類就是這樣，無時無刻在思考。因此笛卡兒會說：「我思，故我在。」只不過，有些人的思考是有邏輯的，有些人的思考則是散亂無章法的。

第三種練習思考的方式，就是從社會事件中練習思考。

幾乎每年都會因為感情因素引發的意外事件。例如：一個男子企圖跳樓的意外。這位男士是因為前女友另結新歡，所以才企圖跳樓。又如：一對情侶吵架之後，在馬路上演出「飛車追逐」的戲碼，最後在後面開車的女方，不慎撞上在路旁散步的無辜母女，這對母女當場斃命。

試想一下這些社會事件的背後，當事人是存著怎樣的想法呢？感情，比生命重要嗎？如果你遭遇了這些挫折，你會如何面對？處理方式可以分成理智的、不理智等幾種處理方式，你覺得他們的處理方式屬於哪一種？如果他們換了一種處理方式，事情的結局會完全不同嗎？

分析之後，孩子們就能夠反省到：感情挫折並不是人生的全部。遇到挫折，你也能夠選擇如何面對、如何處理。不同的處理方式，就會帶來不同的結果。那對無辜的母女，或許就不會喪命了！

懂得思考，懂得在挫折情境下思考，這是身為「人」最大的天賦與優點！

起、承、轉、合的奧秘

起、承、轉、合，在作文上也可以分為：「起、正、反、合」和「起、反、正、合」幾種。在寫論說文的時候，往往會用到論述的正面、反面論述。比如說，如果你想要討論「運動的重要」這樣的主題，如果整篇文章都提到運動的好處，往往會有太過偏頗或者不夠全面的缺失。所以，最好一開始就提到運動的好處、重要性；接著也論述過度運動的壞處、缺點，這樣一來，讀者就更容易被這篇文章說服了。孩子們學作文的時候，對於「起、承、轉、合」這類名詞可能不太了解，建議可以從旅行、生活中的例子來介紹「起、承、轉、合」的概念。

設計一個旅行，需要「起」、「承」、「轉」、「合」。起點就是出發點——這是「起」；接下來到哪裡去——這是「承」；旅行到了一個階段要換個方向，比如說台東玩了兩天之後，要改道去墾丁，這是「轉」；最後，回到目的地——這叫做「合」。

除了旅行，生活中也充滿了「起、承、轉、合」。我們可以從保險業務員拉保單的過程中，分析出「起、承、轉、合」。首先，業務員會需要跟客戶打招呼，這是「起」。接著，客戶說到生活中的一些瑣事，像是想買車啦、想投資等等，業務員必須對客戶的話有回應，提到投資的風險、買車是消費還是投資等等觀念，這是「承」。第三步，保險業務員接著把話題轉到保單內容，提到保險也能滿足理財需求云云，這就是「轉」。順利的話，客戶會對保單表示興趣，業務員就會抓住機會，詳細的介紹保單，這就是「合」。

不管保單成交了沒，保險業務員都必須做到這一步，才是成功的完成一次推銷。

因為任何一篇文章必須要言之有物，必須要能夠充分的把題目闡釋明白，所以我們必須把「起、承、轉、合」應用在文章上，使讀者隨著作者的思路，流暢的理解問題。

NOTE

二、技巧篇
寫好作文的絕招妙法

2 數一數二玩量詞——運用單位詞

所謂「量詞」，就是用來表示事物數量的詞。

外國人學國語，最困擾的就是「量詞」，才會出現一「只」人、一「條」眼睛、一「朵」草等笑話。

其實量詞本身是一種「約定俗成」，一種大家約好的習慣用語，如果背離了傳統用法，就會出現這種笑話。

有些東西本身有特定的量詞，如一「片」葉子、一「塊」石頭，有的則可以適用不同的量詞，如一「條」魚、一「只」魚都可以，只要符合語言習慣就好。

如果能認識清楚，分辨其間的不同，不只可以減少語病，千變萬化的量詞，也能增加寫作的效果，使句子更加生動。

拿破崙說：「世間只有兩種力量——劍和筆，結果呢？前者常被後者征服」。父母希望孩子日後成為大作家，至少要具備基本的語文書寫能力。教孩子寫作文，與其生氣斥罵，不如善用一些方法，激起他寫作的興趣。

我們生活中常說、寫作常用的量詞，可從身邊周圍的東西開始，教孩子正確運用、避免混淆，奠定作文的良好基礎。

兩本書	
兩個包包	

有趣的量詞

◆形容動物：

・一隻狗

・一條魚

・一匹馬

・一隻甲蟲

・一群螞蟻

	兩□甲蟲
	三□狗
	兩□馬
	一□魚

◆形容食物：

- 一杯（滴、桶）水
- 一碗飯
- 一斤糖
- 一塊蛋糕
- 一串葡萄
- 一根香蕉
- 一片土司
- 一個西瓜
- 一瓶汽水
- 一粒瓜子
- 一顆雞蛋
- 一朵香菇

兩□西瓜

兩□葡萄

兩□雞蛋

一□飯

四□香菇

一□蛋糕

◆形容大自然景物：

- 一朵花
- 一棵（排）樹
- 一陣風
- 一座山
- 一塊石頭
- 一顆星星
- 一片森林
- 一堆乾草
- 一條小河
- 一把沙子
- 一片葉子
- 一座花園

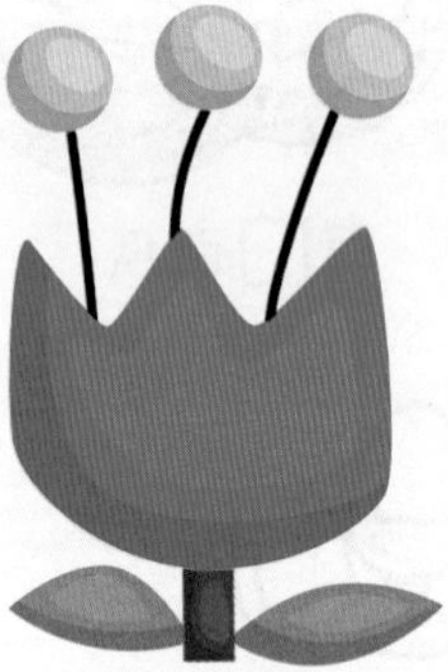

一□花

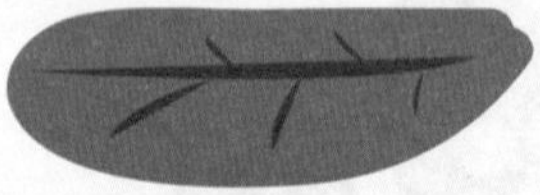

一□葉子

一□山

◆形容其他事物：

- 一棟房子
- 一條彩帶
- 一件褲子
- 一塊黑板
- 一個家庭
- 一顆珍珠
- 一片白帆
- 一位老人
- 一面國旗
- 一所學校
- 一根球桿

一□房子

一□白帆

一□老人

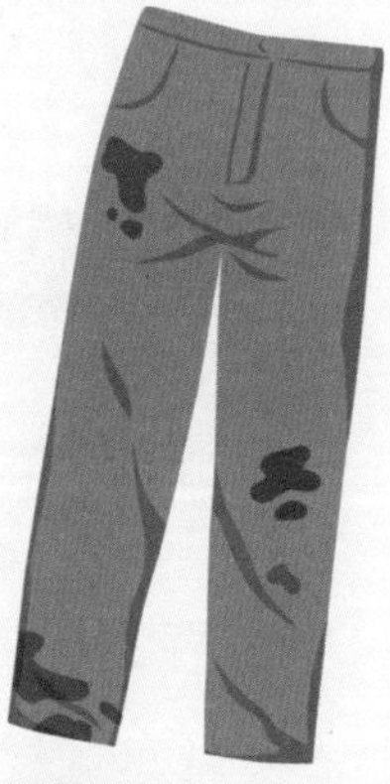

一□褲子

◆形容其他事物：

- 一本書
- 一枝筆
- 一幅畫
- 一把傘
- 一艘船
- 一面牆
- 一封信
- 一盞燈
- 一句話
- 一行字
- 一段路

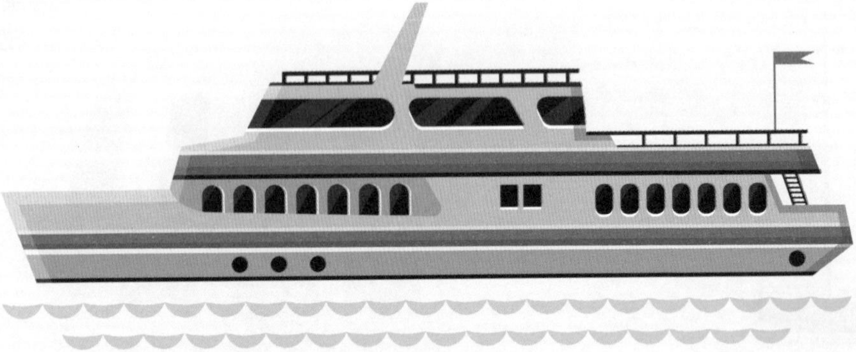

一□船

一□帽子

一□傘

- 一場戲
- 一首歌
- 一匹布
- 一顆球
- 一束花
- 一座廟
- 一張桌子
- 一個（則）故事
- 一頂帽子
- 一床棉被
- 一件（套）衣服
- 一包（樣）禮物
- 一副眼鏡

一□眼鏡

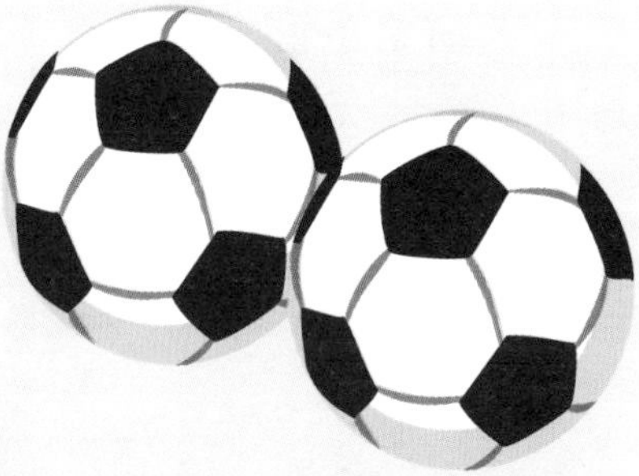

二□球

一□廟

- 一間教室
- 一盒火柴
- 一扇窗子（門）
- 一通電話
- 一篇日記
- 一窩小雞
- 一輛汽車
- 一列火車
- 一組沙發
- 一盒火柴
- 一架飛機

一□火車

一□飛機

一□汽車

◎寫出下列交通工具的量詞：

一□汽車　　一□火車

一□飛機　　一□腳踏車

◎動腦又動手，來玩連連看：

一窩•	電影
一盒•	報紙
一對•	事情
一件•	翅膀
一份•	手機
一場•	火柴
一組•	沙發
一團•	毛線
一支•	小雞

◎請用下列量詞，試著做造句練習：

• 一片森林——有許多動物都住在那一片森林中。

〔練習〕

• 一門忠烈——宋朝的楊家將，都是一門忠烈。

〔練習〕

• 一縷炊煙——黃昏時，平房的煙囪冒出一縷炊煙。

〔練習〕

• 一線曙光——天邊露出一線曙光，就快要天亮了。

〔練習〕

• 一場惡夢——弟弟大喊大叫，原來是做了一場惡夢。

〔練習〕

• 一堵圍牆——監獄的一堵圍牆，就形成了兩個世界。

〔練習〕

‧一腔喜悅——姐姐快要結婚了，懷著一腔喜悅在辦嫁妝。

〔練習〕

‧一個圓滿的人生——只有努力追求，才能擁有一個圓滿的人生。

〔練習〕

‧條條大路通羅馬——一個人只要踏實努力，條條大路通羅馬，最後一定會成功。

〔練習〕

玩一玩，動動腦

現在來玩一個拼圖遊戲，請你尋找失落的那一片，選擇適當的量詞填入：

1 樹上有幾□鳥？

2 我撿到一□傘。

3 這是一□有趣的書。

4 一□鴨子在水池裡游泳。

5 我家養了一□狗。

6 請給我一□湯匙。

7 天上有一□飛機。

8 他買了一□車票。

9 地上掉落一□葉子。

10 樹上有幾□蘋果？

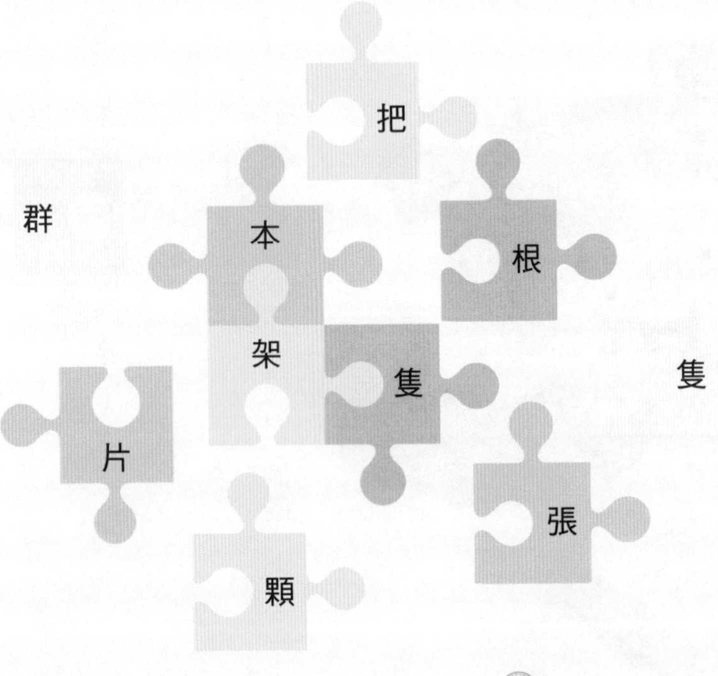

生活萬花筒

找找看，在下列短文，中出現了幾個「量詞」：

有一戶人家住在鄉下，是一個小家庭，住著一對夫妻和兩個小孩，住在一棟兩層的樓房，裡面有四個房間。

屋裡放著三張床、一張桌子、六把椅子，床上有三床被子，浴室裡掛四條毛巾。車庫裡有一輛車。

他們養了一條狗、一隻貓、五隻雞、一頭母牛、一匹馬、三隻豬。附近有一塊田地和一大片菜園、果園，放眼望去是一大片原野和森林，遠處是一行高高的翠綠山脈。

天氣冷的時候，他們都穿上一身厚衣服，頭上戴著一頂帽子，腳上穿著一雙厚毛襪、皮鞋，手上戴著一雙手套。晚上媽媽煮了一桌好菜，一家人圍在一起吃。

寫作教室

農夫

唐朝有一位詩人李紳，他寫了一首「憫農詩」：「鋤禾日當午，汗滴禾下土。誰知盤中飧，粒粒皆辛苦。」，這首詩讓我想到小候爸媽我到鄉下的情景。

春天的時候農夫要播種和插秧，夏天最熱的時候，農夫還要頂著大太陽去除草，汗流浹背真是辛苦。秋天的時候金光耀眼的稻浪，放眼看去真是美不勝收。這時候農夫已經開始收割，田裡有很多人在忙碌的工作。

農夫種田很辛苦，所以大家要尊敬農夫，不要浪費食物，我們可以從農夫身上學到「一分耕耘，一分收穫」的道理。

老師的話

一、舉出李紳〈憫農詩〉的詩句，增加文章的份量。

二、全篇流暢優美，很有進步！

農夫

有一首詩，是這樣寫的：「鋤禾日當午，汗滴禾下土。誰知盤中飧，粒粒皆辛苦。」這首詩是描寫農夫工作的辛苦。

我們只知道農夫在稻田裡工作，卻不知道農夫的辛苦，我們有飯吃，都是農夫辛辛苦苦耕種出來的，所以我們要感謝農夫。

春天的時候農夫要播種、耕田、插秧，夏天的時候，農夫還要戴著斗笠，頂著毒辣的太陽，汗流浹背的拿著鋤頭彎下腰灌溉、施肥、除草，真是辛苦。

以前的農夫都要操作九十九個程序才能完成一粒米，因為現在科學發達，播種、收割，全部機械化，才能早一點完成。農夫種田很辛苦，所以我們要愛惜食物。

老師的話

一、全文流暢生動，說理明白，很好！

二、文章的結構很有組織，敘述也有層次感。最後一段用今昔的對比，是成功的寫法。

農夫

暑假到了，又可以去玩，了但是我覺得還是去鄉下好。鄉下裡有綠油油的稻田，金黃耀眼的稻穀，像波浪一樣被風吹了過去，我看到爺爺牽著一隻牛到田裡去耕種，我就想到他曾帶著我和我的鄉下朋友李家明，去看爺爺耕田。

我才知道種田是這麼辛苦，所以我們要愛惜食物。

老師的話

一、敘述稻田的美，文筆優美生動。

二、對於農夫工作的辛勞，可再深入描寫，展現農家生活的苦與樂。

作文提示

1 農夫的工作內容是什麼？

2 為什麼？要尊敬農夫、愛惜食物？

3 你有接觸農家的經驗？

作文天地

農夫

2 準確的數字——運用數字修辭

「空心菜多少錢？」

「一把十塊錢。」

「這棟樓有幾層？」

「有六層。」

在我們的日常生活中，數目字與我們脫離不了關係。在中國的成語中，廣泛地使用數目字，使形象更加生動，讓語言更活潑有趣。

家長要注意的是，如果你想讓孩子做任何事，一方面要吸引他的興趣，激起他內在的學習動機，一方面要多給他獎勵與讚美，建立他的外在動機。「主動」、「增強」間的條件配合，才能維持孩子的興趣，使他樂意學習新事物。

◎請指出下列句子中提到的數目字：

•「陳太太看起來一團和氣，講話一言九鼎，總是把家裡打掃的一塵不染，我和她真是一見如故。」

•「附近的三姑六婆，喜歡胡說八道，做事亂七八糟，遇到困難就推三阻四，推個一乾二淨，我就和她們一刀兩斷。」

•「王財主家裡娶了三妻四妾，買東西一擲千金，看起來威風八面、氣派十足，卻一毛不拔、小氣得很，每天睡到日上三竿，家裡七嘴八舌、吵吵鬧鬧，轉眼之間就四分五裂、一敗塗地。」

•「台北是個五光十色的花花世界、十分漂亮，包羅萬象、五彩繽紛，晚上萬家燈火、光芒四射，風景千變萬化、五花八門，讓人目迷五色，到了三更半夜，還是很熱鬧。」

◎在華人口中常說的話，更是和「數字」脫離不了關係，如：

■三十六計，走為上策

■一年之計在於春，一天之計在於晨，一生之計在於勤

■勸人莫做虧心事，舉頭三尺有神明

■一寸光陰一寸金，寸金難買寸光陰

■讀萬卷書，行萬里路

■道高一尺，魔高一丈

■你敬人一尺，人敬你一丈

■為山九仞，功虧一簣

■八仙過海，各顯神通

◎包含數字的成語，舉例來說：

1 異字疊用——略知一二、二八年華、三五晨星、三五成群

2 同字疊用——三三兩兩、千千萬萬

3 異字隔用——半斤八兩、千變萬化、一波三折、推三阻四 五顏六色、一乾二淨

4 同字隔用——一熏一蕕、一點一滴、十全十美、百戰百勝

在中國古典詩詞中的量辭，既表示事物的計算單位，又給人形象性的感覺，擴大想像的空間。

- 兩岸猿聲啼不住，輕舟已過「萬重」山。（李白‧早發白帝城）
- 問君能有幾多愁？恰似「一江」春水向東流。（李後主‧虞美人）
- 風乍起，吹皺「一池」春水。（馮正中‧謁金門）
- 白髮「三千丈」，離愁似個長。（李白‧秋浦歌）
- 禦陌東門拂地垂，「千條」金縷「萬條」絲。（劉禹錫‧楊柳枝詞）

玩一玩，動動腦

※請根據下列成語造句：

1 一盤散沙

〔解釋〕形容一個團體或國家不合作、團結。

〔例子〕大家如果像一盤散沙，很容易就被敵人打垮。

〔練習〕

2 一石二鳥

〔解釋〕做一件事情，卻有許多益處。

〔例子〕這真是一個一石二鳥的妙計。

〔練習〕

3 三思而行

〔解釋〕做事前要全面考量後才去行動。

〔例子〕做事要三思而行，不能衝動，否則容易出錯。

〔練習〕

4 四季如春

〔解釋〕形容氣候優良，一年四季都像春天。

〔例子〕這裡天氣四季如春，氣候溫和，適合長久居住。

〔練習〕

5 五世其昌

〔解釋〕祝福人家子孫後代昌盛的吉祥話。

〔例子〕辦喜事時，大家都說「五世其昌」、「早生貴子」等吉祥話。

〔練習〕

6 六神無主

〔解釋〕形容人失魂落魄、沒有主見的樣子。

〔例子〕他最近心情不好，看起來六神無主、失魂落魄。

〔練習〕

7 七手八腳

〔解釋〕形容做事忙亂吵雜的樣子。

〔例子〕一群人七手八腳地煮東西，反而亂成一團。

〔練習〕

8 才高八斗

〔解釋〕形容人很有才華。

〔例子〕詩人曹子建被譽為「才高八斗」、才華洋溢。

〔練習〕

9 九死一生

〔解釋〕形容人經過許多困難與危險。

〔例子〕辛巴達歷經九死一生的冒險，終於回到自己的國家。

〔練習〕

十全十美

〔解釋〕形容事物的圓滿、完美。

〔例子〕世上沒有十全十美的事，你不要太苛求了。

〔練習〕

11 事半功倍

〔解釋〕形容人做事敏捷、有效率、有方法。

〔例子〕找出做事的秘訣，就有事半功倍的效果。

〔練習〕

12 百折不撓

〔解釋〕遇到挫折也不退縮，形容人有堅強的意志。

〔例子〕他有百折不撓的勇氣，終於獲得成功。

〔練習〕

13 千變萬化

〔解釋〕形容物體變化快速。

〔例子〕天氣是千變萬化的，人類很難掌握。

〔練習〕

14 萬象更新

〔解釋〕形容冬去春來、大地呈現一片生機的景象。

〔例子〕冬天過去了，又是一年的開始，呈現萬象更新的風景。

〔練習〕

※以下成語，那些你已經認識的，把它圈起來。

一塵不染　雙管齊下

一刀兩斷　心無二用

一波三折　垂涎三尺

一網打盡　三分鼎足

一籌莫展　朝三暮四

一乾二淨　三更半夜

一拍兩散　如隔三秋

一兼二顧　三思而行

◎請在空格中，填上適當的數目字。

1. □平□穩
2. □海升平
3. □海為家
4. 危機□伏
5. □花□色
6. □花□門
7. □彩繽紛
8. □裡霧中
9. □親不認
10. 中心栗□
11. □□大順
12. □口□面
13. □神無主
14. □手□腳
15. □擒□縱
16. □竅生煙
17. □尺之軀
18. □顛八倒
19. □折□扣
20. □零□落
21. 橫□豎□
22. □上□下

生活萬花筒

1 試試看，能不能舉出包含從一到十的數字成語？（如一枝獨秀、兩敗俱傷、三生有幸、四面楚歌、五湖四海、六月飛雪、七嘴八舌、威鎮八方、九死一生、十全十美）

2 出一首數學考題，你來解答看看，填上數目字：

■□盤散沙＋□思而行＝□季如春（加法）

■才高□鬥－一石□鳥＝□神無主（減法）

■□心兩意×如隔□秋÷□更半夜＝□分鼎足（乘、除法）

語文寶庫

※請指出下列詩句的數目字：

■「萬壑樹參天，千山響杜鵑。山中一夜雨，樹杪百重泉。」（王維）

■一失足成千古恨，再回頭已百年身。

■勸人莫作虧心事，舉頭三尺有神明。

※找出下列句中的數目字：

- 百尺竿頭，更進一步
- 四兩撥千斤
- 三寸不爛之舌
- 差之毫釐，繆以千里
- 火冒三丈
- 九牛二虎
- 學富五車
- 萬里長征人未還
- 萬丈深淵

- 千篇一律
- 三寸金蓮
- 千門萬戶
- 小心駛得萬年船
- 五十步笑百步
- 冰凍三尺，非一日之寒
- 黑得伸手不見五指
- 麻雀雖小，五臟俱全
- 四海之內皆兄弟

詩文百寶箱

古時的計算單位

- 一紀：十二年（木星繞地球一周約需十二年，故古稱十二年為一紀）
- 千鈞一髮（一鈞三十斤，千鈞三萬斤）
- 千鈞重擔
- 咫尺天涯（古八寸為咫）
- 萬貫家財
- 斤斤計較、錙銖必較
- 半斤八兩
- 為山九仞，功虧一簣（古八尺為仞）
- 你敬人一尺，人敬你一丈
- 道高一尺，魔高一丈
- 四兩撥千金

- 寸草不生
- 寸土必爭
- 寸步難行
- 柔腸寸斷
- 寸土寸金
- 七尺之軀
- 萬丈光芒
- 一落千丈
- 豪情萬丈
- 雄心萬丈
- 樹高千丈，葉落歸根
- 千里送鵝毛，禮輕情意重

趣味小故事

幽默小兄弟

鍾毓、鍾會兩兄弟年紀還小的時候，曾經趁著父親睡午覺，一起偷喝父親的藥酒。

鍾繇當時就發現兩兄弟在偷喝酒，仍不動聲色假裝熟睡，暗中觀察兩兄弟的舉動。

老大鍾毓拿了酒，先行過飲酒的禮儀，才把酒喝進肚子裡。弟弟鍾會卻直接拿起酒，大口大口地喝下去，沒有行任何飲酒禮。

後來鍾繇問起，鍾毓正正經經地回答父親：「喝酒就要合乎喝酒的禮節，所以我先行過飲酒禮，才敢喝酒。」

接著鍾繇又問小兒子，為什麼沒有行禮，就直接喝酒了呢？

鍾會也老實不客氣的答說：「偷喝酒本來就不合乎禮節，我自然是不管什麼禮數，先喝酒再說！」

親子交流站

1 你覺得偷喝酒的行為對不對？

2 如果是你，你會怎麼回答？

3 喝酒好不好？請發表你的看法。

3 語言變身術——有趣的借代修辭

什麼叫「借代修辭」？我們在談話或寫作文的時候，不用平常慣用的語詞（名稱），使用其他的詞句代替，讓人有耳目一新的感覺。

這種新的說法，雖然不是本來的事物，但跟本來的事物有某種關係，借用來做代表，讓人有新鮮感，文章更添新意。

像是用「她有張大餅臉」（圓臉）、「她真是人比黃花瘦」（菊花別名黃花）。

比如我們常說：

- 每天早上要整理我的三千煩惱絲（頭髮），真是麻煩。
- 叔叔要結婚了，我們收到他的紅色炸彈（喜帖）了。
- 我的父親是一位作家，每天都要努力地爬格子（寫作）。
- 他從美國留學回來，喝了一肚子洋墨水（西洋學問）。
- 他們的感情亮起紅燈（危險）。
- 突然下起大雨，害我們要變成落湯雞（被雨淋濕）。
- 夏天晚上，最怕迷你吸血鬼（蚊子）攻擊。
- 考試吃鴨蛋（零分），回家就要嘗媽媽的竹筍炒肉絲（挨打）。
- 他的心情不好，擺著一張苦瓜臉（愁眉苦臉）。
- 姐姐每天都期待綠衣使者（郵差）送信來。
- 這件事情他辛苦了好久，沒想到卻泡湯（失敗）了。
- 一些不良少年打架，每個都挂彩（受傷）了。
- 弟弟是隻旱鴨子（不會游泳的人）。
- 星期假日時，很多人都湧向東區壓馬路（逛街）。

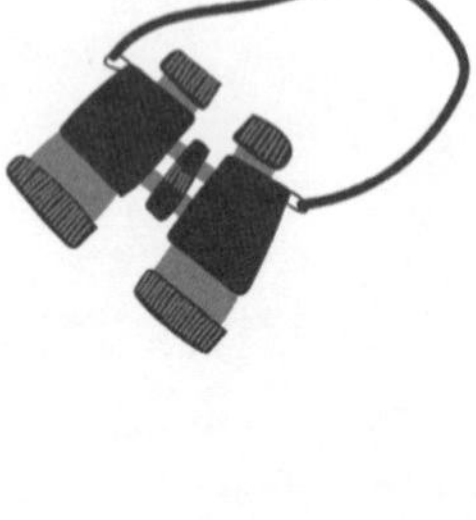

- 戀愛的結果，就是走向紅地毯的那一端（結婚）。
- 這次大學聯考，哥哥不幸名落孫山（落榜）。
- 臭鼬鼠生氣時，會放毒氣瓦斯（放屁）。
- 醫院裡的白衣天使（護士），耐心地照顧病人。
- 這次考試捲髮下來，一片滿江紅（不及格），真是慘不忍睹。
- 他非常吝嗇，真是小兒科（小氣）。
- 過年吃團圓飯，又可以打牙祭（加菜）。
- 為了趕暑假作業，昨天只好開夜車（挑燈夜戰）。
- 櫃檯小姐冷冰冰地擺著一張晚娘臉（愛理不理的態度），服務態度很差。
- 姐姐為了臉上的紅豆冰（青春痘），感到很煩惱。
- 兩國交戰，輸的一方只好豎起白旗（投降）。
- 弟弟很不用功，考試成績經常吊車尾（最後幾名）。
- 小明上課愛講話，已被老師列入黑名單（不守規矩的人）。

◎看圖寫寫看，為文字換件新衣，用別的語詞代換。

白衣天使

苦瓜臉

落湯雞

打牙祭

※有些語詞，明明指同一個東西，卻有許多說法，是因為：

1 表示含蓄

死——上天堂、棄世、升天、嗚呼哀哉、駕鶴西歸、駕返瑤池、遽歸道山

生病——抱恙、玉體違和

酒——杯中物、杜康

廁所——洗手間、化粧室、茅房

上大號——出恭

2 表示尊敬或客氣的說法

公婆——翁姑、舅姑

賢昆仲——尊稱別人兄弟

賢喬梓——尊稱別人父子

賢伉儷——尊稱別人夫妻

令尊——尊稱別人父親

今堂——尊稱別人母親

泰山——岳父

泰水——岳母

義父——乾爹

義母——乾媽

漁父——漁翁

3 民間方言、一般人的俗稱（富有想像力和創造力）

蛐蛐——秋蟲、紡織娘、促織、蟋蟀、烏龍仔（臺灣）（蛐蛐：唸ㄑㄩㄑㄩ）

餃子——扁食、元寶、水餃、煮餑餑、餃餌

粥——稀飯、饘、糜

耗子——老鼠、老蟲、家鹿、禮鼠（俗諺：「狗拿耗子多管閒事」）

長蟲——蛇

長生果——花生、落花生

知了——蟬

老爺兒——太陽

白果兒——雞蛋

玄鳥——燕子

蟹——無腸公子、橫行介士、橫行君子、江湖使者、西湖判官

取燈兒——火柴

青蛙——田雞、水雞、石雞、四腳仔、四腳魚仔

其他：

月亮——白玉盤、銀盤、白璧、玉兔、冰輪

乘輿——坐轎子

摩登——時髦

動手術——開刀

好糗——尷尬

耐斯——很好（nice）

太可惜——計程車（taxi）

莫宰羊——不知道

德先生——民主（Democracy）

賽先生——科學（Science）

蓋——吹牛

阿西——傻瓜、笨蛋

老鴉——烏鴉

好帥——英俊

出點子——出主意

東瀛——日本、扶桑四島

祝融肆虐——失火（祝融是火神）

臘月——十二月

西風東漸——西方文明、歐風美麗

戳子——印章、印信

汗青——史書

魚雁——書信、尺素、雙鯉、鴻雁、鱗鴻

有司——官吏

數珠——念珠

金風——秋風、西風

冰人——媒人

銀漢——銀河、天河

承鹿——天花板

機車——摩托車

溜達——散步

換帖——結拜

比丘——和尚
神州——中國、赤縣
沙彌——小和尚
蘭若——寺
花子——叫化子、乞丐
晌午——中午
嗓子——喉嚨
王者之香——蘭花
角黍——粽子

玩一玩，動動腦

※語詞的代換練習，請把同義詞連起來：

1 和尚沒有「三千煩惱絲」。
2 南丁格爾是一位溫柔的「白衣天使」。
3 弟弟內急，到處在找「洗手間」。
4 夏天到了，樹上的「知了」大合唱。
5 你真是狗拿「耗子」，多管閒事。

書信
蟬
老鼠
頭髮
東瀛

6 我認識了一個筆友，我們經常「魚雁」往返。 計程車

7「日本」的櫻花盛開，吸引了大批觀光客。 護士

8 去登山時，要小心躲在草裡的「長蟲」。蛇

語文寶庫

1 巾幗不讓鬚眉——女人不比男人差（巾幗是女性髮上的飾品，借指女性）

2 斯巴達——尚武的地方（古希臘最尚武城市）

3 三寸丁——個子矮的人

4 航空母艦——胖子（指外形相像）

5 上天堂——去世

6 向閻羅王報到——死亡

7 黑手——工廠的工人

8 電燈泡——不識相的人

9 孔方兄（阿堵物）——錢

10 吃閉門羹——不受歡迎或被討厭的

11 十一號公車——走路

12 祭五臟廟——吃東西填飽肚子

13 竹竿——瘦子（指外形相像）

14 敲竹槓——敲詐勒索別人

15 流產——事情半途而廢，前功盡棄

16 方城之戰——打麻將

愛看書的孩子不會變壞

孩子對什麼感到興趣，就會一直閱讀相關書籍，理解力會逐漸提高，並因此養成精讀的習慣。他們最感興趣的是圖鑑、動植物生態、冒險傳奇故事、英雄人物、交通工具、神話故事等。

鼓勵孩子多讀書，培養廣泛的閱讀興趣，孩子擁有豐富的常識，寫作題材自然源源不絕、信手拈來。唐朝大詩人杜甫也說「讀書破萬卷，下筆如有神」。

長期接觸好的作品，孩子也可以耳濡目染，有潛移默化之效。從書中累積知識菁華，遇到相關事物，自能舉一反三，以實例論證，提升文章的深度與廣度。或幫他訂一些不錯的刊物，如《國語日報》、《親子天下》、《小牛頓》等。

寫作教室

書與我

書的種類有很多，例如：宗教類、童書類、自然科學類、社會科學類、應用科學類等……，讀書真是很有趣。自從媽媽買了一本「一休和尚」的故事書給我以後，我就整天拿著這本書，躲在房間看。

書的功用有：增廣見聞、增加情趣、培養氣質，古人說：「書中自有顏如玉，書中自有黃金屋。」所以讀到好書，就等於交到一個好朋友，讀到壞書，就等於交到一個壞朋友，所以選書籍一定要選好的，不要選壞的。如果選到好的書，不但要好好愛惜，還要好好的看，才能增加知識。

我覺得書有很多用途，無聊的時候，偶而看看書，可以增加知識，也可以修身養性，或失眠的時候，看看書，可以使你眼睛疲勞，幫助睡眠，所以我覺得看書很有趣。

老師的話

一、內容豐富精采，寫得很好。

二、書的功用和好處很多，你能夠瞭解到書的優點，以後要繼續親近好書。

書與我

我最喜歡看漫畫類的書，像「小叮噹」和「鬼滅之刃」，這二種漫畫非常好看。我要學他們的正義感和他的勇氣，也要學他遇到比他強勁的對手，他會越來越厲害。我也要學小叮噹的才智以及他的行為。

我無聊的時候都會看幾本漫畫書，我的心裡平靜下來，也不會再無聊了。

老師的話

一、漫畫故事的內容如何，可以好好？述，讓人知道它為什麼好看。發揮形容事物的能力，才能讓文章篇幅更長更好。

二、最後一段文句不太通順，下筆時切記要謹慎思考，寫得不清楚的地方要改進缺點。

書與我

我最喜歡看的書，就是「三隻小豬」，牠們和大野狼有好多趣事。

這本書的趣事很多，豬老大和豬老二都很懶惰，豬小弟最勤勞，常常幫豬媽媽做家事，後來媽媽就說：「你們都長大了，也都應該自己去找個房子住了，而且也要小心大野狼。」

我們讀了這本書的意義，就是「做人不要太懶惰，否則就會得到懶惰的結果。」

老師的話

一、「三隻小豬」是篇精采的故事，可大致敘述一下。

二、這個故事給懶人一個教訓，相信你已瞭解故事的真義。

作文提示

1 你最喜歡看那一類的書？

2 書有什麼優點？

3 對你影響最深的書？

作文天地

書與我

4 文字的疊疊樂——動感的疊字詞

中國文字有象形、形聲、字形方正的特點，因此創造出許多有趣的語文遊戲，如字謎、寶塔詩、回文詩、繞口令、成語接龍、文字謎宮、歇後語、對聯、拆字、圖像詩、雙聲疊韻等。

字的類疊，可造成視覺上的明快感和聽覺上的節奏感，增加文章的流暢，能強調語氣、加深印象。

在字句中適當的地方用疊字詞，更能增加內容的活潑感。下面列舉一些疊字辭的用法，請師長帶著孩子大聲朗讀出來，體會疊字辭的動感音韻。

- 這間屋子很久沒人住了，看起來陰森森的，很可怕。
- 妹妹有一雙水汪汪的大眼睛。
- 市場鬧烘烘的，一片人山人海。
- 叔叔的結婚典禮上，充滿喜洋洋的氣氛。

- 天上的星星一閃一閃亮晶晶。
- 一群小朋友在綠油油的草地上放風箏。
- 我家的小狗胖嘟嘟的好可愛。
- 媽媽煮了一桌熱騰騰、香噴噴的好菜，令人垂涎三尺。
- 檸檬酸溜溜的滋味，讓我忍不住想流口水。
- 下雨天沒帶傘，身上濕淋淋的好難受。
- 國慶閱兵時，三軍將士雄赳赳、氣昂昂，看起來雄壯威武。
- 山頂光禿禿的，因為樹木都被砍光了。
- 夜晚的森林裡黑漆漆的，伸手不見五指。
- 那隻貓懶洋洋的躺在地上曬太陽。
- 軟綿綿的起司蛋糕，吃了還想再吃。
- 吃完飯桌上油膩膩的，快拿抹布來擦乾淨。
- 哥哥的房間髒兮兮的，平常都懶得整理。

- 媽媽不買玩具給弟弟，他就氣呼呼的。
- 蝸牛背著重重的殼，走路慢吞吞的。
- 我興沖沖的去找小明，結果他卻不在家。
- 老爺爺笑嘻嘻的看著小孫兒玩。

上面這些句子，都可以提供我們許多寫作的靈感。只要多看、多聽、多寫，是寫好作文的不二法門。或許剛開始進行時會有困難，家長必須化解孩子的排斥感，讓他想寫、喜歡寫，從內心湧出一股動力，做自我的督促、磨練，才能越寫越好。

作家吳淡如曾獲全國學生文學獎散文佳作及優選，他每天至少寫三千字的文章，儘管再忙，每天都挪出一定時間練習寫作。這正是「多寫磨利筆」的寫照。現代暢銷書作家：不朽、張曼娟、張西、蔣勳、龍應台，也都勤於筆耕，名列十大暢銷書作家。

英國大文豪蕭伯納得到諾貝爾文學獎，被譽為文學天才，他說他的「天才」可得來不易，因為二十年來他每天要求自己寫一千字。可見一分耕耘，一分收穫。現在就開始練習吧！

填填看

※請根據上下文的內容，選擇適當的疊字詞，填入（　）內。

笑咪咪	氣鼓鼓	髒兮兮	甜蜜蜜	淚汪汪
亮晶晶	光禿禿	濕答答	苦哈哈	黑沈沈

1（　　　　）的海面上，浮著點點閃爍的漁火。

2 頑皮的小星星，一閃一閃（　　　　）。

3 霜淇淋（　　　　）的滋味，真令人難忘。

4 老奶奶（　　　　）的，多麼慈祥溫和。

5 他們家很窮，（　　　　）的過日子。

6 弟弟跌倒了，（　　　　）的跑到媽媽懷中。

7 下雨天到處都（　　　　）的，不能出去玩真討厭。

8. 冬天到了，（　　　　　　　）的樹枝在風中顫抖。

9. 全身玩得（　　　　　　　）的，回家一定挨罵。

10. 路上有兩個人（　　　　　　　）的在吵架，大家都停下來看。

造句練習

1 津津有味

〔解釋〕形容食物美味可口。

〔例子〕①媽媽煮的菜香噴噴的，大家都吃得津津有味。

②這頓飯大家都吃得津津有味。

〔練習〕

2 斤斤計較

〔解釋〕形容人心胸狹窄、愛計較。

〔例子〕①小華最小心眼了，凡事都愛斤斤計較。

〔練習〕②小明的媽媽很愛斤斤計較，買菜都會殺價。

3 哈哈大笑

〔解釋〕心情愉快，笑得很開心。

〔例子〕①他考上了好學校，高興得哈哈大笑。

②電視劇演的很好玩，大家都看的哈哈大笑。

〔練習〕

4 欣欣向榮

〔解釋〕形容植物生長茂盛、蓬勃發展。

〔例子〕①春天到了，大地一片欣欣向榮。

②媽媽很會種花，花園裡的樹木長的欣欣向榮。

〔練習〕

5 怒氣衝衝

〔解釋〕形容人極度憤怒的樣子。

〔例子〕①弟弟數學考不及格，讓媽媽怒氣衝衝。

②哥哥的球打破玻璃，鄰居怒氣衝衝的跑來罵他。

〔練習〕

6 小心翼翼

〔解釋〕形容人做事謹慎小心。

〔例子〕①他小心翼翼地捧著古董花瓶，怕把它打破了。

②媽媽小心翼翼的做家事，唯恐吵醒了小弟弟。

〔練習〕

7 悶悶不樂

〔解釋〕形容人心情欠佳、憂鬱的樣子。

〔例子〕①他心情不好，看起來悶悶不樂的。

〔練習〕②小明考試沒考好，心情悶悶不樂。

8 井井有條

〔解釋〕形容人做事有條有理。

〔例子〕①姐姐做事井井有條，非常有秩序。

②媽媽把家裡整理的井井有條。

〔練習〕

9 沾沾自喜

〔解釋〕形容人洋洋得意的樣子。

〔例子〕①他自以為很聰明，一副沾沾自喜的樣子。

②小明考試考一百分，就沾沾自喜，以為很了不起。

〔練習〕

10. 滔滔不絕

〔解釋〕形容人說話流暢、口才佳，表達能力好。

〔例子〕①他講話滔滔不絕，非常流利。

②老師的口才很好，可以滔滔不絕的說個不停。

〔練習〕

玩一玩，動動腦

1 靜悄悄——晚上靜悄悄的，大家都睡著了。

〔練習〕

2 笑嘻嘻——她心情愉快，整天笑嘻嘻的。

〔練習〕

3 甜蜜蜜——她甜蜜蜜的笑容真可愛。

〔練習〕

4 假惺惺——做人要真誠，不能假惺惺的，會引起別人反感。

〔練習〕

5 孤零零——那個老婆婆一個人住，孤零零的很可憐。

〔練習〕

6 樂陶陶——暑假到海邊玩，大家玩得樂陶陶。

〔練習〕

7 冷冰冰——櫃檯小姐冷冰冰的面孔，令人覺得不可親近。

〔練習〕

8 空蕩蕩——房間空蕩蕩的，沒有很多家俱。

〔練習〕

9 滑溜溜——滑溜溜的泥鰍，很不容易抓住。

〔練習〕

10 活生生——畫像中的人好像活生生的站在眼前。

〔練習〕

11 陰森森——那片陰森森的樹林，真叫人害怕。

〔練習〕

12 香噴噴——我最愛吃媽媽煮得香噴噴的菜。

〔練習〕

13 懶洋洋——她今天生病，所以看起來懶洋洋的。

〔練習〕

14 軟綿綿——今天小康生日，他的媽媽特別做了軟綿綿的蛋糕。

〔練習〕

15 慘兮兮——昨晚沒讀書，今天考試一定慘兮兮的。

〔練習〕

16 熱騰騰——洗完澡以後，滿屋子都是熱騰騰的水蒸氣。

〔練習〕

17 綠油油——鄉村那片綠油油的稻田，看起來真舒服寧靜呢！

〔練習〕

18 毛茸茸——那群毛茸茸的羊群，可愛的樣子真叫人喜歡。

〔練習〕

語文寶庫

欣賞以下優美的詩詞後，順便找找有那些疊字詞呢？

1 鋤禾日當午，汗滴禾下土。
誰知盤中飧，粒粒皆辛苦。（李紳・憫農詩）

2 木末芙蓉花，山中發紅萼。
澗戶寂無人，紛紛開且落。（王維）

3 無邊落木蕭蕭下，不盡長江滾滾來。（杜甫）

4 飄飄何所似，天地一沙鷗。（杜甫）

5 車轔轔，馬蕭蕭，行人弓箭各在腰。（杜甫）

語文百寶箱

在寫作的時候，有種寫法叫「回文修辭」。上下二句使用的辭彙大部分都相同，可是詞序的排列相反，成為回環往複的形式，使文章更加流暢，不信，你可以用念的念念看。

- 古人不見今時月，今月卻曾照古人。（李白・把酒問月）
- 河水不犯井水，井水不犯河水。
- 我為人人，人人為我。
- 犧牲享受，享受犧牲。
- 時代考驗青年，青年創造時代。
- 時勢造英雄，英雄造時勢。
- 讀書不忘救國，救國不忘讀書。
- 我泥中有你，你泥中有我。
- 我愛媽媽，媽媽愛我。

- 學問好不如做事好，做事好不如做人好。
- 有村舍處有佳蔭，有佳蔭處有村舍。

有位作家曾說：「寫作是一孤獨的道路」，要孩子耐下好動的性子，坐在書桌前搜索枯腸，的確是一件不容易的事。

如果他肯坐下來寫，就很不錯了。若看他一個人坐著發呆、浪費時間，就從旁引導他。若題目是「星期天」，可以問他星期天去動物園玩的事，看到了什麼動物？他最喜歡什麼動物？一起去玩的有誰？透過一問一答，孩子的記憶被喚醒，想像力也開始發揮。曾國藩就說：「作文宜苦思，寫字宜有恒」。

罵孩子通常都是無濟於事，讚美鼓勵的話，往往會產生極佳的良性變化。大人不能以大人的標準去看孩子，即使他的想法天馬行空、幼稚可笑，家長還是要儘量嘉許他，提升他的自信心，孩子會更樂意去寫。

趣味小故事

真緊張？假緊張？

三國時代魏國的太傅鍾繇，生了兩個聰明伶俐的兒子取名為鍾毓、鍾會。

鍾毓和鍾會天資聰穎，才十三歲的年紀，便已經很出名了。魏文帝曹丕時常聽人說起這兩個孩子，就下令召見鍾毓和鍾會兩兄弟。

鍾毓見著皇帝，因為緊張的緣故，流了很多汗。魏文帝說：「鍾毓，你怎麼滿頭大汗？」

鍾毓立刻答道：「我感到非常惶恐緊張，才流了這麼多汗。」

魏文帝再看站在一旁的鍾會，發現竟沒流半滴汗，又問：「你是不是不覺得害怕，所以一滴汗都沒流呢？」

鍾會也馬上答說：「我也是感到緊張害怕，才流不出汗啊！」

親子交流站

1 如果是你，你會怎麼回答皇帝的話？

2 緊張的時候，你會怎麼樣？

3 流汗、掉眼淚、下雨，三者之間有什麼共通點？

5 平衡的語言翹翹板——對字成語的運用

一般小學將作文裡訂為兩節，在有限的時間內，要指導生審題、立意、擬大綱、搜集材料、書寫、修改等，似乎不太充裕。

作文教學是一種綜合性運用，在國語科教學中佔有重要的地位，在教學過程，中如果能用慧心巧思製做相關的語文教具，不但能改進國語文教學，提升孩子的學習興趣，學習效果也能事半功倍，增進學生的寫作能力。

國語教學志在培養想像、思考及文字運用的能力，從作文中可明瞭學生學習語文的成效，訓練思維、組織和欣賞的能力。

國語科學得好，孩子會避免寫錯別字、用錯詞句，加強對文字的感受度，從中瞭解寫作的方式。作文可驗收國語的學習成效，二者可相輔相成。

讓寫作像遊戲一樣

許多家長看孩子寫不出作文，就把他往才藝班送。在功利主義的思想作崇下，只希望孩子日後在考試的作文成績，不要太難看，一心追求立竿見影的成果，結果常常是失望的。

因為學習作文不像其他才藝，能迅速看出成效，往往要經年累月，才能展示成果。

小孩子的世界裡，遊戲是很重要的，他們往往在遊戲中學習。如果希望提升孩子的作文能力，為人父母師長者，可能要多花一點心思，把「作文」變成一種有趣的遊戲。

※現在我們來玩一個填空遊戲，用一點想像，答案的線索就在其中：

1 油嘴滑□
2 弄巧成□
3 披星戴□
4 天寒□凍
5 聲東擊□
6 遠走高□
7 死裡逃□
8 龍潭□穴

9 加油添□

10 貪生怕□

11 小題□做

12 深仇大□

13 飲水思□

14 開天辟□

有些成語是由兩組相對的詞結合而成，可從中找出其脈絡關係。

如「天崩地裂」，形容重大的自然界災害，「天」對「地」，「崩」對「裂」，互相呼應，意思表達更加完整。

玩一玩，動動腦

1 狼吞虎咽

〔解釋〕形容人吃東西又急又快的樣子。

〔例子〕①他吃東西狼吞虎咽，真是難看。

②弟弟肚子很餓，吃飯狼吞虎咽，一下子就把菜吃光了。

〔練習〕

2 拖泥帶水

〔解釋〕形容人做事緩慢、不乾脆。

〔例子〕①弟弟做事喜歡拖泥帶水，所以常被媽媽罵。

②做事情要小心，不可以拖泥帶水。

〔練習〕

3 為非做歹

〔解釋〕形容人不做好事、只做壞事。

〔例子〕①為非做歹的人，一定難逃法網。

②那個壞人為非做歹，最後被警察抓起來。

〔練習〕

4 爭先恐後

〔解釋〕形容人不守秩序排隊，只想擠到前面，造成別人的困擾。

〔例子〕①排隊要守秩序，禮讓老人、小孩，不要爭先恐後。

②上公車時一群人爭先恐後，擠成一團。

〔練習〕

5 日積月累

〔解釋〕隨時間過去，累積越來越多。

〔例子〕①做學問要靠日積月累的工夫，不是一下子就可以達到目的。

②每天存錢，日積月累也可以存到一大筆錢。

〔練習〕

6 東張西望

〔解釋〕形容人不安定，左右張望的樣子。

〔例子〕①那個人東張西望，看起來鬼鬼祟祟。

②考試的時候，不可以東張西望。

〔練習〕

7 比手劃腳

〔解釋〕言語無法溝通，用手比的方式。

〔例子〕①那個外國人不會講國語，買東西只好比手劃腳。

②聾啞的人，只好比手劃腳溝通。

〔練習〕

8 赤手空拳

〔解釋〕形容人沒有後援，靠自己的雙手打拚。

〔例子〕①他赤手空拳到臺北打天下，現在已經是一家公司的老闆。

②他不靠家人，自己赤手空拳在外面努力賺錢。

〔練習〕

9 冷嘲熱諷

〔解釋〕講話沒有善意，用嘲諷的方式。

〔例子〕①他講話冷嘲熱諷，讓人很難堪。

②說話要有禮貌，不可以用冷嘲熱諷的方式。

〔練習〕

10 頭昏腦脹

〔解釋〕形容人疲勞或不舒服的樣子。

〔例子〕①這幾天沒睡好，頭昏腦脹很不舒服。

②我感冒了，頭昏腦脹的好難過。

〔練習〕

11 嘻皮笑臉

〔解釋〕形容人不正經、臉皮厚。

〔例子〕①「西遊記」裡的豬八戒，嘻皮笑臉的真令人討厭。

②我們班上的林小傑被老師罵，還嘻皮笑臉，不知悔改。

〔練習〕

12 加油添醋

〔解釋〕形容人講話繁瑣、雜亂，添加不實的話。

〔例子〕①這個人講話很喜歡加油添醋，不太能夠信賴。

②妹妹很喜歡加油添醋的跟媽媽告狀。

〔練習〕

13 千軍萬馬

〔解釋〕形容戰場上軍隊打仗的情況。

〔例子〕①打仗時，兩國的千軍萬馬互相打殺著。

②古時候的人打仗，戰場上都有千軍萬馬。

〔練習〕

14 天寒地凍

〔解釋〕形容寒冷的冬天景象。

〔例子〕①冬天到了，外面一片天寒地凍。

②北方的冬天很冷，到處天寒地凍，圍在火爐邊取暖，真是舒服。

〔練習〕

15 開天闢地

〔解釋〕遠古傳說，天地是由盤古開闢出來的。

〔例子〕①傳說古時候的盤古，是一個可以開天闢地的巨人。

②盤古開天闢地，才形成現在的世界。

〔練習〕

16 貪生怕死

〔解釋〕形容人膽小退縮的樣子。

〔例子〕①膽小的人都很貪生怕死。

②遇事貪生怕死的人，不能擔當重任。

〔練習〕

17 風和日麗

〔解釋〕形容天氣很好。

〔例子〕①今天的天氣真是風和日麗。

②春天到了，氣候風和日麗很舒服。

〔練習〕

18 呼風喚雨

〔解釋〕形容人的勢力很大。

〔例子〕①傳說神仙可以呼風喚雨。

②他的本事很大，簡直可以呼風喚雨。

〔練習〕

19 深仇大恨

〔解釋〕形容人之間有極深的仇恨。

〔例子〕①他們之間有深仇大恨，彼此都不講話。

〔練習〕②小珍對小玉不太友善，兩人像有深仇大恨似的。

20 同流合污

〔解釋〕形容人一起做壞事。

〔例子〕①他們一起同流合污做壞事。

②小強和大華同流合污，從來不做好事。

〔練習〕

21 天崩地裂

〔解釋〕形容地震、山崩、雪崩等自然界嚴重的災害。

〔例子〕①這次地震真是可怕，好像天崩地裂。

②老師發起脾氣來，好像天崩地裂一樣。

〔練習〕

22 同甘共苦

〔解釋〕形容人和人之間有福同享、有難同當。

〔例子〕①那對母女同甘共苦，一起相依為命真可憐。

②大家一起同甘共苦，培養出深厚的感情。

〔練習〕

語文寶庫

有一種有趣的修辭法，叫做「聯邊修辭」。它是選用一些形體相關的字，像是有桐同的偏旁，造成一種視覺上的趣味。

這種手法常用在描寫山水，因為要用得自然，避免有堆砌的感覺。一般較少使用，如果不得不用，最好就不要超過四個字。

◎請寫出下列文字的偏旁：

• 洶湧澎湃（　　）

• 浩浩蕩蕩（　　）

・崇山峻嶺（　　　　　　　）
・魑魅魍魎（　　　　　　　）
・芳草萋萋（　　　　　　　）
・崢嶸嵯峨（　　　　　　　）
・巉岩嶙峋（　　　　　　　）

「海神廟」有一幅名聯，大家一起來欣賞：

浩海汪洋波濤溪河注滿，
雷霆霹靂雲霧靄霳雾霖。

趣味小故事

鷸蚌相爭

趙國即將出兵攻打燕國，蘇代自願替燕國去趙國，說服趙惠王放棄攻燕的計畫。

蘇代見了趙惠王，就說：「這一次我來拜訪你們趙國時，正好行經易水。有一隻蚌剛好出來曬太陽，一隻鷸鳥就去啄蚌的肉，蚌趕緊把殼合上，夾住鷸鳥的嘴。

鷸鳥威脅蚌說：『今天不下雨，明天不下雨，就會有一隻死掉的蚌。』

蚌也恐嚇鷸鳥：『今天不放你走，明天不放你走，馬上會有一隻死皂鷸鳥。』

由於誰也不願意先放開對方，一位路過的漁夫就把蚌和鷸鳥一併捉走，成了最大獲利者。

現在趙國要去攻打燕國，兩國長久交戰僵持不下，百姓都會因此而窮困不堪，反而給強大的秦國坐收漁翁之利啊！希望趙惠王您要考慮清楚才是。」

親子交流站

1 這個故事後來產生一個成語「鷸蚌相爭，漁翁得利」，你知道是為什麼了嗎？

2 故事中最後會「漁翁得利」的是那一國？

6 月兒多姿態——華人筆下常見的題材

小朋友常把寫作文當成是頭痛的事，因為不知道「怎麼開頭？」「怎麼寫第二段？」「段和段之間怎樣銜接？」「如何舉例？」「怎麼結尾？」，讓大人也很傷腦筋。

寫作不只是文字的堆砌，而是把所見、所聞串連起來，這就要運用到邏輯思維的能力，所以作文可訓練孩子的思維能力。

從收集材料，依時間、性質分門別類整理，到組織佈局，都可以清楚看出孩子的思考流暢力。

教師命題須考慮孩子的寫作能力及生活經驗，是否適時，合乎地域，不要在炎熱的夏天時，讓孩子寫個「過年感想」的作文。培養孩子能把握題旨發揮、選擇材料和組織結構的能力。

有人說文學和藝術都有淨化人心的作用，文藝的目的是在表達個人的思想和情感。表達是人的基本需求，表達的媒介就是語言和文字。

在引導孩子寫作時，必須提供適當的教具或情境，引起他的話題或動機。寫作是表達思想及情感的工具，不是老師要他們寫些什麼，而是讓孩子看到題目，能產生聯想、有話要說，作文就變得很容易了。

所以，教學的首要工作，是在引導小朋友看到題目後，能結合過去的生活經驗，增強自身的想像力，寫出一篇文情並茂的佳作。

◎命題作文有一套

一個題目往往關係個人和社會、物質與精神雙重層面，師長在命題時，要儘量轉化孩子的生活體驗，運用這些經驗作為調味料，透過回憶、觀察、思考，收集相關的材料，充分利用其感性和想像，使文章有如呈現出美好、豐富的「有料」佳餚。

命題作文有五個步驟：命題、審題、習作、講評與欣賞、批改。

指導學生寫作從看清題目、決定主旨、辨明文體、整理材料、擬定大綱等準備工夫，而不是信筆寫作，想到那兒就寫到那兒。

在指導的過程中，要告訴學生如何安排一篇文章，利用什麼技巧開頭、結尾，如何舉例豐富內容，如何修飾辭句、檢查修改。

在教學中必須師生互動，引起學生的學習動機。在下筆寫之前，可以根據題目，運用問答的方式，擴展孩子的經驗和想像，在一問一答中，刺激孩子深入思考分析，在討論和問答的過程中，廣開思路，作文的構思逐漸蘊釀出來。

作文的命題若能配合節日，較能貼近孩子的生活，父母師長要先介紹節日的特色和由來，把較富價值、意義的地方說出來，幫助孩子掌握重點。有吸引的題材，孩子才能有感而發，抒發一己之見。

「中秋節」是國人極重視的節日，所謂「月圓人團圓」，是一家人聚在一起的日子。月亮是地球的衛星，它本身不能產生光輝，是經由太陽照射才有亮光。

月亮的象徵意義極多，如高潔不染、大公無私、思鄉懷人等。從遠古時代起，人對月亮的陰晴圓缺，就有極大的好奇心，也產生極多優美的神話，如嫦娥奔月、玉兔搗藥、吳剛伐桂等。

玩一玩，動動腦

現在，就用你最新的構想，選用最合適的詞語，組織成通順又生動的長句，讓你要述說的人事物，表現出真實感和立體感，賦予其動態和情感。

1 秋天到了

2 圓圓的月亮

3 橘子

4 收割

5 菊花黃了

6 楓葉

7 秋高氣爽

8 柿子

9 秋老虎

10 嫦娥

生活萬花筒

請用下列圖片內容，編造一個故事。

語文寶庫

月亮的別名很多，像玉兔、金兔、白玉盤、白銀盤、玉盤、寶鏡、蟾蜍、桂、金餅等代稱，都是指「月亮」，很多詩人在詩句中，都用了「借代」的手法，也反映大眾對月亮的喜愛。

- 小時不識月，呼作「白玉盤」。（唐・李白）
- 銀輪「玉兔」向東流，瑩淨三更更好遊。（唐・姚合〈對月〉）
- 更憐三五夕，仙「桂」滿輪芳。（唐・方幹〈新月〉）
- 回首看雲液，「蟾蜍」勢正圓。（唐・張聿〈圓靈水鏡〉）
- 遙望洞庭山水翠，「白銀盤」裡一青螺。（唐・劉禹錫〈月望洞庭〉）
- 雲頭灩開「金餅」，水面沈沈臥彩虹。（宋・蘇舜欽）
- 暮雲收盡溢清寒，銀漢無聲轉「玉盤」。（宋・蘇軾〈中秋月〉）
- 誰家「寶鏡」初磨出，匣小參差蓋不交。（唐・羅隱・新月）

・無言獨上西樓，月如「鉤」。（後唐・李煜・烏夜啼）

・初生似「玉鉤」，裁滿如「團扇」。

月亮的形狀時有變化，所以才有月牙、新月、眉月、偃月（半月）、滿月等稱呼，用弓、鉤、眉、團扇、玉盤、銀盤、寶鏡、金餅來形容它。

我們說「烏飛兔走」意即日月（金烏指日，玉兔指月）交替來去迅速，形容光陰過得很快。如「金烏長飛玉兔走」（韓琮）

寫作教室

月亮

小時候的晚上，爺爺帶我們去公園散步，爺爺一路上說著一些大趣的故事。

我抬頭看到一個又圓又大又亮的東西，我問爺爺「那是什麼東西？」爺爺笑著說：「那是月亮」，說著說著就講到「嫦娥奔月」的故事了，從此以後我就對月亮開始存有許多美好的幻想。

我常常站在院子裡，看得都發呆了，連爸媽叫我吃飯都不肯。

我時常站在院子幻想，想長大以後到月球裡探險，可是我現在長大了，也不想到月球了，因為我現在知道月球上根本沒有玉兔和嫦娥了。

老師的話

一、月亮的形狀變化可以加以描述，提出個人的想像比喻。

二、層次分明，自小及大，結尾可再剖析自己的情感。

月亮

月亮的變化很多，有下弦月、上弦月、眉月、半輪月、滿月等等。

月亮瘦的時候像香蕉，圓的時候像白玉盤，月亮的光明大公無私普照大地，滿月高潔光明，令人想起家人或故鄉。有關月亮的神話有很多，像嫦娥奔月、吳剛伐桂、玉兔搗藥，實在是美麗又神奇。

月亮有時幾天看不到，因為有很多烏雲遮住。所以蘇東坡說：「月有陰晴圓缺，人有悲歡離合，此事古難全。」

老師的話

一、要學習把短句伸長，因為句子想要把意思表達清楚，就必須把文句修飾完整。

二、月亮的形狀變化很多，你可以把她的形狀用比喻的寫法寫出來。下筆的時候要慎重，構思整理很重要。

快樂的中秋節

今天是中秋節，爸爸說：「我們今天來烤肉吧！」我和哥哥說：「還要吃文旦」。

爸爸買了香腸、雞腿、玉米、黑胡椒牛肉，還有雞屁股。當爸爸烤雞屁股時，雞屁股像火球一樣，爸爸說：「因為雞屁股的油塗太多了。」

今年的中秋節過的很快樂，因為烤的肉很好吃。

老師的話

一、描寫中秋節的重頭戲是烤肉，之間還發生了一些趣事花絮，另外像是明月當空、家人團圓等特殊的事，也是可以發揮的題材。

二、快樂的中秋節，應該要用多一點的文字來形容，試著把你歡樂的感覺寫出來。

作文提示

1 月亮的形狀變化：

眉月↓半輪月↓滿月

2 月亮的代表意義：

①大公無私

②高潔光明

②思人懷鄉

3 月亮神話：

①嫦娥奔月

②吳剛伐桂

②玉兔搗藥

4 有關月亮的成語：

蟾宮折桂——祝福人家金榜題名。

5 詩詞欣賞：

蘇東坡・水調歌頭：「月有陰晴圓缺，人有悲歡離合，此事古難全。但願人長久，千里共嬋娟。」

作文天地

月亮

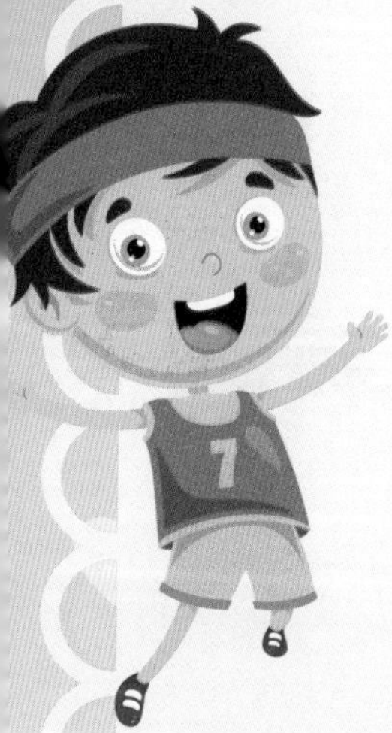

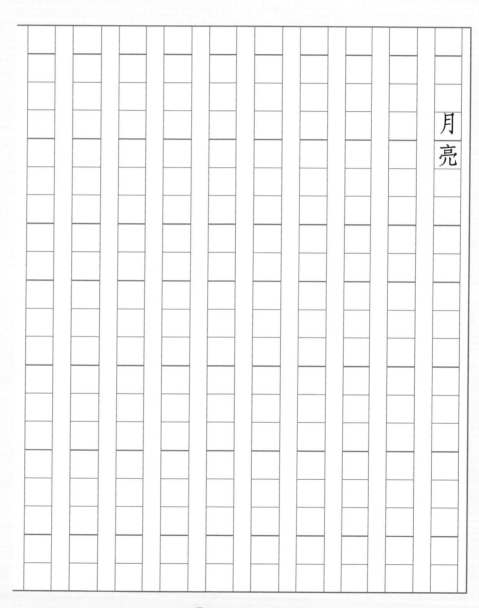

三、鍛鍊篇

寫作遊戲真好玩

1. 生生不息植物園——芬芳的花草王國
2. 語言動物區——十二生肖大會串
3. 月兒像檸檬——絕妙的比喻用法
4. 花語春天——萬物也有一顆心

1 生生不息植物園——芬芳的花草王國

大自然因為有花草的點綴，而顯得多采多姿、美不勝收。華人的生活中，和植物也有密不可分的關係，頻繁地出現在詩歌文章中。

我們平常吃桂花糕、蓮子湯、竹筍、酸梅、桃子、李子、玫瑰花園等，植物可食、可賞，具有極高的實用價值。一方面滿足人「吃」的生理需求，一方面也滿足人心靈上追求美好事物的想望。

中國最古老的詩集《詩經》，有首「桃之夭夭，灼灼其華」的詩，用春天盛開的紅豔桃花，比喻新娘的青春美麗，留下無限醉人的想像空間。

四季各有特產的花卉，春天的桃紅柳綠，夏天的蓮荷競豔，秋天的菊黃楓紅，冬天的梅雪松青，也是詩歌、繪畫中常出現的題材。

在指導孩子寫作文時，很重要的一點，就是要結合生活，用常見的周遭事物，最能吸引孩子的興趣。

很多小朋友都視提筆寫字為畏途，或要賴或逃避，針對孩子的心理，為人師長更想辦法要抓住孩子的心。

在中國的語文世界裡，和植物的關係是密不可分的。

我們稱讚女孩子氣質出眾，形容她是「蕙質蘭心」，用蘭、蕙這類芳草，展現女子的優美特性。形容美女的姿態用「出水芙蓉」、「蓮步姍姍」、「杏眼桃腮」等，真是人比花嬌。

形容人很有自信，說是「成竹在胸」；形容老年人身體康健為「松柏長青」。

從現在起，每當全家去郊外或公園時，不妨帶著孩子認識植物名稱，告訴他一些花草的故事。植物不僅美化世界，也美化我們的心靈。

玩一玩，動動腦

在奇妙的語文天地，很多都和植物有關，你能舉出相關的成語？

1 桃——世外桃源、投桃報李

2 李——豔若桃李、李代桃僵

3 蘭——空谷幽蘭、蕙質蘭心

4 松——竹苞松茂、松柏長春

5 竹——勢如破竹、青梅竹馬

6 梅——望梅止渴、梅雪爭春

7 蓮——步步生蓮、舌燦蓮花

8 萍——萍水相逢、萍蹤無定

9 柳——蒲柳之姿、桃紅柳綠

10 桑——指桑罵槐、滄海桑田

◎請在空格的地方，填上適當的字。

1 罄□難書——
形容人罪惡深重，光寫就寫不完。

2 披□斬□——克服困難，勇往直前。

3 □頭垢面——
頭髮像亂草，臉上也很髒。

4 □花一現——
出現的時間很短暫。

5 囫圇吞□——
吃東西很快，不辨滋味就吃下去。

6 燙手山□——
形容很棘手的事情。

7 □花帶雨——

形容美人哭泣的樣子。

寫好後，只要沿著虛線往內折，就可以找到答案，你寫對了嗎？

答案：

1 竹

2 荊、棘

3 蓬

4 曇

5 棗

6 芋

7 梨

生活萬花筒

陽臺上、公園裡、大自然中，有各式各樣的花卉，把世界妝點得更加美麗。我們對植物有種特殊的情感，現在請發表一下：你對植物的感想。

1 請加上適當的形容詞：

①（　　　　　　　　）的荷花

②（　　　　　　　　）的梅花

③（　　　　　　　　）的竹子

④（　　　　　　　　）的桂花

⑤（　　　　　　　　）的楓葉

⑥（　　　　　　　　）的柳樹

⑦（　　　　　　　　）的向日葵

⑧（　　　　　　　　）的榕樹

⑨（　　　　　　　　　　）的浮萍

⑩（　　　　　　　　　　）的松樹

2 請舉出五種會結果的樹。

3 楓葉到了秋天會變成紅色，有些葉子到了秋天會掉落，請你發揮想像力說說看：楓葉為什麼會變色？葉子為什麼會離枝？

4 請你根據植物的特性或意義，玩一個連連看的遊戲。

荷花・	・王者之香
梅花・	・荷蘭的國花
桑葉・	・出污泥而不染
竹子・	・隱士的象徵
蘭花・	・中國的國花
鬱金香・	・蠶寶寶的食物
菊花・	・富貴的象徵
榕樹・	・挺拔直立
牡丹・	・外形像留鬍鬚的老人
桂花・	・神話中吳剛每天要砍的樹

語文寶庫

成語植物園

1 桃——世外桃源、投桃報李、杏眼桃腮、李代桃僵、夭桃穠李

2 李——豔若桃李、浮李沈瓜、道旁苦李

3 梅——疏影暗香、望梅止渴、踏雪尋梅、梅妻鶴子

4 蘭——蕙質蘭心、空谷幽蘭、芝蘭玉樹

5 柳——蒲柳之姿、桃紅柳綠

6 瓜——種瓜得瓜、瓜田李下、瓜瓞綿綿、瓜熟蒂落、老王賣瓜

7 松——蒼松翠柏、松柏長青、竹苞松茂、青松翠竹、松柏後凋

8 竹——勢如破竹、青梅竹馬、竹報平安、雨後春筍、成竹在胸

9 桂——米珠薪桂、吳剛伐桂、蟾宮折桂、蘭桂齊芳

10 蓮——舌燦蓮花、步步生蓮、蓮步姍姍、藕斷絲連、出水芙蓉

11 桑──指桑罵槐、滄海桑田、恭敬桑梓、桑間濮上

12 草──斬草除根、草菅人命、萱草忘憂、寸草不生、風吹草動

13 蓬──蓬頭垢面、蓬生麻中、首如飛蓬、蓬蓽生輝

14 荊──披荊斬棘、負荊請罪、荊釵布裙

15 梨──災棗禍梨、梨花帶雨、孔融讓梨

語文櫥窗

◎語文世界中的植物：

水仙不開花──裝蒜

黃蓮樹下彈琴──苦中作樂

啞巴吃黃蓮──有苦說不出

老王賣瓜，自賣自誇

有心栽花花不開，無心插柳柳成蔭

不經一番寒徹骨，哪得梅花撲鼻香

快刀斬亂麻

桃李滿天下

薑是老的辣

樹大易招風

寫作教室

我最喜歡的植物

玫瑰花是一種美麗的花，她的花瓣有很多層，她會放出迷人的香味，可是她身上長滿了一些刺，讓人有點不想去靠近她。玫瑰花的花瓣曬乾之後，可做玫瑰蛋糕、玫瑰花茶，玫瑰花的用途很多，還可以製成香水。

李花顏色是白色的，她不像別的花那麼的愛漂亮，不和別的花爭奇鬥豔，可是她外表清新、樸素，像一位可愛的小姑娘。

我們要多種植花草樹木，不但可以增加環境美觀，還可以讓我們住的地方更舒服。每天看到美麗的植物，心情就會很愉快。

老師的話

一、大致可抓住花的特色來描述。很好，只是題目是寫「你最喜歡的植物」，以一種為主題，才符合題意。

二、層次分明，文句通順，結尾透露愛護花木、美化環境的思想，使全篇更有力。

我最喜歡的植物

花有很多種，例如：菊花、牽牛花、玫瑰花、杜鵑花等，有人說花可以代表人的個性及特色。

我國的國花是梅花，梅花只有五瓣，有人說梅花有三種顏色：淡紅色、紅色、白色；梅花好像可以代表一個人的心情，如果枯萎了，代表那天可能運氣不好，如果開得美麗，那天就很幸運。

我們應該保護大自然，在賞花的期間，要好好愛護環境，繼續保持，不要讓大自然變成污穢的地方。

老師的話

一、把思想理清再下筆，要清楚表達自己的想法，讓別人能看懂你的意思。

二、內容可再深入發揮，關於我們的國花，你還有什麼聯想，可以試著寫出來。

作文提示

1 你最喜歡那種植物？為什麼？

2 植物的外形、特色、象徵意義是什麼？

3 植物對我們有什麼貢獻？

作文天地

我最喜歡的植物

2 語言動物區——十二生肖大會串

孩子的天性是缺乏耐性、討厭一成不變，喜歡新奇、有趣的事物。叫他枯坐在位子上，學習古人道貌岸然的提筆作文，有時會讓孩子有很大的心理壓力，如何化「折磨」為「趣味」，為人父母、師長，就得多運用您的智慧了。

我們每個人都有生肖，如果是班上同學，因為年歲相近，可能大部分的人生肖都一樣，年頭生和年尾生的人，雖然差不多，就屬不同的生肖，您一定也遇過這樣的情況。

十二生肖是：鼠、牛、虎、兔、龍、蛇、馬、羊、猴、雞、狗、豬。這種說法大概是起於東漢的時候，十二生肖也叫「十二屬相」。當時的術數家，用這十二種動物搭配十二地支：子為鼠、丑為牛、寅為虎、卯為兔、辰為龍、巳為蛇，午為馬、未為羊、申為猴、酉為雞、戌為狗、亥為豬。

同樣屬「鼠」的人，可能同年，或差一輪（十二歲）、二輪（二十四歲）……，華人由生肖就可推算出對方的年歲。

◎中國的成語、諺語等語文世界中，最常用動物來比喻、形容：

- 天下烏鴉一般黑
- 過街老鼠，人人喊打
- 狗拿耗子，多管閒事（老鼠別名耗子）
- 不入虎穴，焉得虎子
- 虎落平陽被犬欺，龍困淺灘遭蝦戲
- 獅子大開口
- 殺雞焉用牛刀
- 牛頭不對馬嘴
- 貓哭耗子假慈悲
- 一人得道，雞犬升天
- 一朝被蛇咬，十年怕草繩
- 露出狐狸尾巴

- 樹倒猢猻散（猴子別名猢猻）
- 馬不知臉長
- 鯉魚躍龍門
- 魚與熊掌，不可兼得
- 畫虎不成反類犬
- 人心不足蛇吞象
- 大魚吃小魚
- 手無縛雞之力
- 黃鼠狼給雞拜年（喻不安好心）

從這些常用的諺語、成語，也反應人們對動物的認識及印象。

玩一玩，動動腦

以下成語，依照十二生肖的排列，當你瞭解成語的意思，也練習運用看看。

1 鼠目寸光——比喻人的見識淺薄狹小。

〔例句〕他只有鼠目寸光，不能看清事情發展。

〔練習〕

2 牛鼎烹雞——比喻大材小用。

〔例句〕他是有才能的人，不能讓他牛鼎烹雞。

〔練習〕

3 虎視眈眈——形容敵人伺機而動的危險狀況。

〔例句〕戰國時代，強國秦國對周圍的國家虎視眈眈。

〔練習〕

4 兔死狗烹——比喻人忘恩負義。

〔例句〕劉邦建立漢朝帝國後，就兔死狗烹、大殺功臣。

〔練習〕

5 龍潭虎穴——比喻危險的地方。

〔例句〕辛巴達航海，到過龍潭虎穴，幸好都安全度過。

〔練習〕

6 畫蛇添足——比喻多此一舉。

〔例句〕做事要講究效率，你不要畫蛇添足。

〔練習〕

7 馬馬虎虎——做事情隨便、不認真。

〔例句〕他做事馬馬虎虎、很不小心。

〔練習〕

8 羊腸小路——形容路窄彎曲，很不好走。

〔例句〕山上的羊腸小路，狹窄迂回，要走很久。

〔練習〕

9 心猿意馬——形容人心思不定。

〔例句〕他想去美國，又想去日本，心猿意馬的很難下決定。

〔練習〕

10 雞犬不寧——比喻家裡被人騷擾的情況很嚴重。

〔例句〕小明家裡常接到奇怪的電話，被吵得雞犬不寧。

〔練習〕

11 狗仗人勢——比喻仗勢欺人。

〔例句〕那個有錢家的奴僕，狗仗人勢，只會欺負窮人。

〔練習〕

12曾子殺彘——父母對子女的話，要守信用。

〔例句〕曾子殺彘的故事，表示父母不能欺騙孩子，要說到做到。

〔練習〕

趣味小故事

曾子殺彘

古時候的某一天，曾子要出門，孩子也吵著要跟去。曾子告訴他說：「你不要跟，回來爸爸就殺豬給你吃。」後來曾子回來了，曾子的太太叫他去殺豬。

曾子說：「我只是哄哄孩子，不是當真的。」曾子的太太說：「既然答應了孩子，就要說到做到，不能對孩子失去信用。」於是曾子就真的把家裡的豬殺了，讓孩子打打牙祭。

親子交流站

1 豬的別名是什麼？

2 這個小故事給你的提示？

生活萬花筒

1 動物給你的感覺是什麼，請加上適當的形容詞。

例如：忠實的狗

勤勞的牛

懶惰的豬

乖巧的羊

（　　）雞

（　　）虎

（　　）鼠

（　　）獅子

（　　）兔子

（　　）馬

（　　）狐狸

2 請舉出至少五個詞語，來形容一下你對「老虎」的看法。

3 請舉出五種能飛的動物。

4 請舉出五種跑得很快的動物。

5 你最喜歡的動物是什麼？請你試著把它描述出來。

6 請舉出十個有關動物的成語。

語文寶庫

十二生肖成語

鼠	鼠目寸光　鼠牙雀角　鼠竊狗盜　城狐社鼠　鼠肝蟲臂　獐頭鼠目 抱頭鼠竄　膽小如鼠　投鼠忌器
牛	牛衣對泣　牛驥同皁　牛頭馬面　牛鬼蛇神　牛鼎烹雞　九牛二虎 牛山濯濯　牛溲馬勃　牛刀小試　老牛破車　泥牛入海　九牛一毛 氣喘如牛
虎	虎頭蛇尾　虎嘯風生　虎尾春冰　虎帳談兵　虎口餘生　虎穴龍潭 狐假虎威　為虎作倀　養虎貽患　騎虎難下　與虎謀皮　生龍活虎 如虎添翼
兔	兔死狗烹　烏飛兔走　兔死狐悲　兔起鶻落　守株待兔
龍	人中龍鳳　矯若遊龍　龍飛鳳舞　畫龍點睛　攀龍附鳳　龍鳳呈祥 大排長龍　龍馬精神　龍行虎步　龍蟠虎踞　龍蟠鳳逸　龍章鳳姿 龍驤虎步　來龍去脈　乘龍快婿　群龍無首　老態龍鍾　臥虎藏龍 龍爭虎鬥

蛇	巴蛇吞象、杯弓蛇影、蛇口蜂針、打草驚蛇、蛇蠍心腸
馬	識途老馬、天馬行空、木牛流馬、蛛絲馬跡、懸崖勒馬、兵荒馬亂、指鹿為馬、走馬上任、兵強馬壯、聲色犬馬、人高馬大、青梅竹馬、馬到成功、馬馬虎虎、馬革裹屍、車水馬龍、馬首是瞻、馬不停蹄、逢迎拍馬、聞香下馬、人仰馬翻、一馬當先、快馬加鞭、汗馬功勞、害群之馬、露出馬腳、千軍萬馬、塞翁失馬
羊	羊質虎皮、羊腸小道、羊羔美酒、順手牽羊、羊胃羊頭、餓虎撲羊、羊入虎口、羝羊觸藩、代罪羔羊、亡羊補牢、三羊開泰、歧路亡羊
猴	心猿意馬、猴模猴樣、殺雞儆猴、猴頭猴腦
雞	殺雞取卵、雞犬升天、雞犬不留、雞犬不寧、雞皮鶴發、雞口牛後、雞犬不驚、鶴立雞群、雞毛蒜皮、雞鳴狗盜、畫虎類犬、聞雞起舞、雞飛狗跳、鬥雞走狗、呆若木雞、雞蟲得失、雞犬相弭
狗	狗尾續貂、狗仗人勢、狗彘不食、狗頭軍師、狐群狗黨、狼心狗肺、喪家之犬、狐朋狗友、犬牙交錯、狗竇大開、蜀犬吠日、偷雞摸狗、白雲蒼狗
豬	豬狗不如、殺彘教子、豬突狼奔、狗彘不若、豬交戰畜

寫作教室

我最喜愛的動物

我最喜愛的動物是狗，牠的眼睛圓又亮，鼻子黑黑的，叫聲是汪汪。

牠好像不喜歡吃狗食，最愛吃骨頭和剩菜剩飯以及肉，每次牠看到我，我只要叫牠的名字，牠就跑了過來，牠跑出去也可以跑回家，都不會迷路。

我們不應該吃狗肉，因為狗是我們人類的好朋友，我們應該愛護動物。

老師的話

一、能從動物的身上表達愛護動物的思想，很好！

二、但是動物的特性、形態、動物以及人狗之間的感情，可再深入觀察描寫，使內容更豐富深刻。

我最喜愛的動物

我最喜歡的動物是小烏龜，我家就有一隻，牠外表看起來嬌小玲瓏可愛。

牠最愛游泳了，每次我幫牠換水的時候，我就故意放好多水，讓牠在水裡游泳，牠最愛吃飼料了，牠每次都要吃四 五粒才能吃飽。

我希望大家不要捕殺野生動物，也不要虐待他們，動物是人類最好的朋友，我們都應該保護牠。

老師的話

一、從全文表達出你自己的思想看法，很好！

二、有關動物的特性、外形、動作以及你對牠們的感情，可再深入描寫。

我最喜愛的動物

狗是很忠心的一種動物，我家的狗全身的毛茸茸的，尾巴卷卷的，一直搖來搖去的，牠會汪汪的叫。

牠是雜食性的，肉、菜什麼都吃，牠一點也不挑食。牠看到我就會跑來跑去繞圈子，只要我親親、抱抱牠，牠就乖乖的跟著我，牠見到陌生人，就會瞪著陌生人汪汪大叫。

狗是人類最好的朋友，不要讓牠流浪街頭，大家要好好的愛護牠。

老師的話

一、第二段描述能掌握狗的特性、形態、動作、聲音，觀察描寫極佳。

二、尾段點出愛護動物的思想，是很正確的觀念，要說到做到。

作文提示

1 你最喜歡什麼動物？為什麼？

2 動物有什麼特色、外形、動作、習性、愛吃什麼東西？

3 人類應該怎樣對待動物？

作文天地

我最喜愛的動物

3 月兒像檸檬——絕妙的比喻用法

亮亮說：「爸爸的鬍子像雜草一樣。」

恬恬說：「刮鬍刀就像除草機一樣，幫爸爸把鬍子刮乾淨。」

這段對話，點出了「明喻」的妙用。把鬍子比做雜草，而刮鬍刀就像除草機。有時千言萬語也無法解釋的意思，只要用比喻的方式，化抽象為具體，馬上就可以讓對方瞭解。

將兩種不同的東西，舉出他們相像的地方，用「什麼像（如、若、似）什麼」的方式，就是比喻法中最常用的「明喻」。如成語中常說的：度日如年、口若懸河、如花似玉等。有首歌就叫「月兒像檸檬」。

經過觀察、思考，再利用想像，用甲物來比喻乙物，我們說「非洲的難民，看起來骨瘦如柴。」用木柴形容人的瘦，形象化十足，也能具體說明。使要表達的東西，產生清楚完整的印象。

形容美女為「豔若桃李」，用春天盛開繽紛華麗的桃、李花，以花的美來比擬人物的美。或用「美如天仙」、「如花似玉」、「手如春蔥」、「柳葉似眉」、「齒如編貝」、「膚如凝脂」等，這樣的形容令人印象更加深刻，也具有極高的趣味性。

小朋友平常可以多練習「比喻」的運用方法，增進聯想力，讓頭腦更加靈活，平時寫作文才會熟練運用。

玩一玩，動動腦

下列成語中的比喻，請試著描寫它們之間的共通性或相似點。

1 妙語如「珠」

・說話說很快，就像一串珠子一個接一個。

2 堆積如「山」

・東西堆在一起的形狀，很像一座小山。

3 勢如破「竹」

・劈竹子很快又俐落，就像打勝仗的一方。

4 美如「天仙」

・美麗的人就像仙女一樣漂亮。

5 如虎添「翼」

• 老虎已經很兇猛，如果也長了翅膀，那就真的是「動物之王」了。

6 度日如「年」

• 有時覺得日子過得很慢，過一天就像過一年那樣漫長。

7 冷若「冰霜」

• 一個人冷冰冰的態度，會讓人覺得像冬天的冰霜一樣，很難親近。

8 淚如「雨」下

• 哭泣的時候，臉上就像天空下雨。

9 月圓如「鏡」

• 滿月的形狀，就像一面光亮的鏡子。

10 暴跳如「雷」

• 打雷下雨時，令人覺得很恐怖，爸爸生氣時，就像雷公在發脾氣。

4 花語春天——萬物也有一顆心

從前有一隻青蛙，住在水井裡，抬頭往上看去，有一方藍天，偶而飄過幾片白雲。小青蛙餓了就抓小蟲來吃，熱了就游泳，累了就睡覺，它很滿意自己的生活，不曉得外面的世界有多大。

有一天，別的青蛙經過，告訴他大海有多廣大時，住在井底的青蛙一點都不相信他的話，井底之蛙說：「大海很大，有我的家大嗎？」

後來形容人家見識狹小，沒有見過世面，就說是「井底之蛙」，這可不是好聽的話。

這個小故事，使用「擬人法」，將動物人性化，賦予青蛙生命力，變成了像人一樣，化無情為有情，也有喜怒哀樂，讓人物自己開口說話，生動的刻畫其面貌。

在文章裡，適時的使用「擬人法」，萬物都好像有了生命、情感、小朋友發揮一下想像力，設身處地站在對方的立場來想、來寫，表達的意思也比較深刻。

◆如何運用擬人法

- 天黑了，星星張開好奇的眼睛。（把星星比做眼睛）
- 一到秋天，楓葉就像喝醉了酒般臉紅。（把紅葉比做喝醉的人）
- 天空不知道受了什麼委曲，嘩啦啦的哭了起來。（把下雨比做流淚）
- 春天到了，小草從土裡鑽出來伸懶腰。（把小草發芽比做伸懶腰）
- 春風用溫柔的雙手，輕輕的觸摸我的臉龐。（把風比做手）
- 蝸牛背著重重的殼，搬家搬得好辛苦。（把蝸牛的殼比做房子）
- 花兒在風中跳華爾滋舞。（把搖動的花比做在跳舞）

建議的擬人化題目範例：楊柳風、杏花雨，春天輕盈的腳步近了，當百花和春天相繼展開一段美麗的浪漫對話，你聽見他們在說些什麼了嗎？

玩一玩，動動腦

1 請舉出十種圓形物品的名稱。

2 請舉出十種方形物品的名稱。

3 請舉出十種三角形物品的名稱。

趣味小故事

木頭人和土偶

齊國的孟嘗君打算到秦國去，有上千人阻止他去，可是孟嘗君都不予理會。

蘇秦也想打消孟嘗君去秦國的念頭，孟嘗君就說：「凡是和人有關的事，我全部都知道。獨獨和鬼有關的事，我還沒聽人說過。」

蘇秦說：「我這一次來，本來就不打算講人事，我是想來和您討論討論神鬼的事啊！」

於是，蘇秦便向孟嘗君敘述他碰到的鬼事：

「我這次來的時候經過淄水，發現有一個泥土捏的土偶，和一個用桃木刻成的人在對談。桃木刻的人對土偶說：『你本來是西邊岸上的泥土，被人捏成了偶的樣子，等到八月的大雨一來，大水一沖，你就被沖壞了。』

土偶也不甘示弱的回答：『不是這樣，我本來就是西岸的泥土，被大水沖壞，仍舊變回泥土回到西岸。你卻和我不同，你是用東國的桃木雕刻出來的木頭人，大水一來把你沖走，你就要隨流水飄到別的地方去了。』」

現在的局勢，秦國是個四面險固的國家，就好像老虎的大口。您現在把自己送入虎口，我實在很擔心您要如何逃出來呢？

孟嘗君知道蘇秦話中的意思之後，就主動打消去秦國的決定，安安穩穩地留在齊國。

（選自～戰國策・齊）

親子交流站

1 木頭人和土偶是由什麼材料做成的？

2 蘇秦把秦國比做什麼動物？

3 用木頭人和土偶為角色，編出一個小故事來，請試著說說看。

生活萬花筒

1 假如我是一條魚，我要（　　　　）

2 假如我是一隻鳥，我要（　　　　）

3 假如我是孫悟空，我要（　　　　）

4 假如我是雲，我要（　　　　）

5 假如我是風，我要（　　　　）

寫作教室

假如我是海葵

假如我是海葵，我就用不著怕敵人了。因為我有很多觸手，只要我肚子餓，有小魚經過，我就可以用觸手捉過來吃。

雖然我有許多觸手，但是有一種魚叫「小丑魚」，因為小丑魚的身上有一層粘液，所以我捉不到他。

我希望能夠永遠都做海葵。

老師的話

一、海葵除了有觸手，還有沒有其他特色？

二、如果你是海葵，在海底的生活可以再加以描述。

假如我是……

如果我是一隻狗，我每天要陪著小主人上學，夜晚就守住門口，不讓小偷跑進來偷東西。

假如我是獅子，我要整天抓一隻鮮嫩嫩的兔子來吃。我希望大家都要尊敬我，因為我是百獸之王，哈哈！

假如我是一條魚，我要遨遊大海，但是有一點我希望人類不要捕殺我們，才不會讓我們絕種。

假如我是太陽，我要照亮大地，使人類有光明的世界。

老師的話

一、內容很不錯，能抓住動物的特性，以後要試著把句子、文意加長。

二、結尾有力，結構亦佳，繼續加油！

假如我是小白兔

假如我是一隻小白兔，就有一對白色的長耳朵，柔軟的毛皮，摸起來很舒服，大家也都很喜歡小白兔。

我可以在綠油油的草地上跳，跟小松鼠、小花鹿和其他動物玩，我不要被人抓到籠子裡，被關就不能在草地上跳來跳去的。

兔子愛吃紅蘿蔔和青菜，很愛保持乾淨，個性很溫和也很可愛，希望大家別把他們殺了。

老師的話

一、第一段描寫小白兔的特色，很不錯！

二、吐露了小白兔渴望自由的心聲，也提出愛護動物的觀念，你的想法很好。

假如我是一隻狗

假如我是一隻狗，我可以每天陪我的主人去上學，陪主人回家，也可以在草地上蹦蹦跳跳的玩耍，是多麼快樂啊！

假如我是一隻狗，我一定要把主人的家看好，不讓壞人來偷東西。

我想的這些或許是不可能的事，不過，希望大家都能愛護狗。

老師的話

一、雖然文章很短，但意思表達的很清楚，文句也很通順，希望下次可以寫長一點。

二、設身處地，假想自己是一隻狗，提到狗兒的生活，希望能更加深入描述。

作文提示

1 你想變成什麼東西？為什麼？

2 你要做什麼事？

作文天地

假如我是

◎第81頁的答案

1 四平八穩
2 四海升平
3 四海為家
4 危機四伏
5 五顏六色
6 五花八門
7 五彩繽紛
8 五里霧中
9 六親不認
10 中心栗六
11 六六大順
12 五口六面
13 六神無主
14 七手八腳
15 七擒七縱
16 七竅生煙
17 七尺之軀
18 七顛八倒
19 七折八扣
20 七零八落
21 橫七豎八
22 七上八下

後記

小作家在創作上的優秀表現，與父母師長的精心培養和個人的努力，二者是分不開的。盧梭說：「天才是教育的結果」，他們是如何用心去教導孩子，指引孩子走上寫作的道路：

①注重早期教育

從小就為孩子講故事，用美妙的童話，豐富孩子的童年，讓他們接觸、親近書本，提升孩子對文學的濃厚興趣，讓想像的翅膀飛得很高。看到好的文章和詩詞，也會要求孩子熟讀或背誦，引導孩子們回憶讀過的書、人物、主題，消化所學的知識。

②記錄生活

他們為孩子準備一本記事本，讓孩子把每天看到、聽到的，用日記的形式都記下來，連天氣預報類的也不放過，引導他們細心觀察周圍的一切。從自己身邊最熟悉的人開始，觀察社會上的人物，分辨每個人的品貌特徵。

③行萬里路

要寫出深刻的作品，就要善於在觀察中思考，從事物的表像中洞察本質，在平凡中發掘偉大。讓孩子到大自然中去觀察和感受，經由旅遊和參加各種活動，開拓思路，不人云亦云，自由發表個人的想法，運用比喻和聯想，鍛鍊表達能力。

任寰的父母帶她遊歷長城內外，在熱火朝天的大慶油田，她說：「天邊飄浮的白雲是石油工人擦汗的手巾。」

她寫過一首詩《媽媽的黑髮》：

媽媽的頭髮墨黑，墨黑，
媽媽的頭髮很美，很美。
我長大了，我發現了，
媽媽的黑髮哪去了？
媽媽擠出裡面的黑水，
媽媽擠出裡面的智慧，

寫了一個「愛」字

印到女兒的心扉……

看到這段感人的文字，你是否覺得心頭一陣暖意呢？小作家和我們家庭裡的平凡兒童一樣，都是一樣的孩子。他們的孩子能，我們的孩子也能！最值得分享的是，這些小作家的父母認為：要寫出好作品，成為一個好作家，首先要做一個品行端正、熱愛生活的人。「發表作品不是目的，用自己的作品歌頌真、善、美，才是最終目的。」

欣賞、疼愛自己的兒女的方法之一，就是用心體會他們所創作出來的每一字、每一句。讀懂他們的心情，也陪他們把心情如實的描述、記載下來。

希望您喜歡這一本《每天10分鐘親子互動作文》。只有「快樂讀、輕鬆寫」，才能夠使寫作成為您孩子所熱愛的休閒活動，寫出美好的未來與人生。

國家圖書館出版品預行編目資料

每天 10 分鐘親子互動作文 / 李儀一著
-- 新北市：哈福企業，2021.2
面；公分 . --（兒童營；02）
ISBN 978-986-99161-9-6（平裝）
1.中國語言 - 作文　2.小學教育 - 教學法
523.313

兒童營：02

書名 / 每天 10 分鐘親子互動作文
出版單位 / 哈福企業有限公司
責任編輯 / Jocelyn Chang
封面設計 / 八十文創
內文排版 / 八十文創
出版者 / 哈福企業有限公司
地址 / 新北市板橋區五權街 16 號
封面內文圖 / 取材自 Shutterstock

email ／ welike8686@Gmail.com
電話／（02）2808-4587
傳真／（02）2808-6245
出版日期／ 2021 年 2 月
台幣定價／ 329 元
港幣定價／ 110 元

總代理／采舍國際有限公司
地址／新北市中和區中山路二段 366 巷 10 號 3 樓
電話／（02） 8245-8786
傳真／（02） 8245-8718